有理拖延！

從**達爾文**、**達文西**的拖拉歷史，
看見被低估的人生智慧

SOON

An Overdue History of Procrastination,
from Leonardo and Darwin to You and Me

Andrew Santella

安德魯・桑提拉——著 劉嘉路——譯

獻給 A-L

眼神的觸動

善用人際連結，有效開展你的事業與人生

布萊恩・葛瑟 Brian Grazer

孟令函——譯

Face to Face

The Art of Human Connection

獻給我太太，維若妮卡。
我各方面的靈魂伴侶，
妳看見了我的全部。

目錄

序言

「布萊恩，我跟你說話的時候，你要看著我！」

現在，儘管離我讀小學的時候已經有點遙遠了，但我還記得我的老師詹金斯小姐會這樣罵我。當下我渾身冒起冷汗、心跳加速，但眼神卻四處游移，就是不敢看向詹金斯小姐。

詹金斯小姐對大家來說，可能看起來很友善，但我非常怕她。有一次，她覺得我沒專心上課，就把我帶到教室外面用木板搧我耳光，在我臉上留下了又紅又腫的痕跡。然而比起她的脾氣，真正讓我恐懼的，其實是她光是問我問題就能讓我覺得備受羞辱的能力。我幾乎從不知道問題的答案，還一次又一次被迫在全班面前，大聲承認我不知道，這讓我羞愧無比。其他同學在背後竊笑並低聲嘲笑我，這種感覺比被用木板搧耳光還糟。我每天早上都對上學恐懼萬分，因為我知道，詹金斯小姐會繼續問問題，而我也會遭受更多羞辱。

想當然爾，除了直接躲到桌子底下以外（雖然想起來很誘人），我試了一切方式來躲開詹金斯小姐的偵測雷達。她問完問題，環顧教室找人回答時，我會轉開頭或假裝咳嗽。我想了各種藉口：上廁所、胃痛，甚至假裝手指頭斷了。不過我最常用的就是「移開眼神」。在那個年紀，躲避眼神就是避免連結的終極方法。我覺得，只要躲開詹金斯小姐的眼神，她就不會叫我，就能避免大難臨頭。看到其他同學也開始用一樣的方法，我才知道，他們應該也在試著透過避免眼神接觸來逃避羞辱。

當然，就算嘗試避開老師的注意，也不一定總是能成功。她叫到我名字的時候，與其看向老師的方向來顯示我有聽到，我通常會繼續盯著天花板……或黑板……甚至自己的腳。我覺得如果不看她，或許她就會移開眼神。也許她會可憐我，轉而去叫別人的名字，可能我就能整個人消失，她就再也看不到我了。當然這是異想天開，但如果我能藉此避免再度於朋友和全班面前看起來腦袋空空，還是值得一試。

然而事實卻是，上學對我來說艱難無比，我在課堂上無法好好回答問題，是因為我不知道怎麼做回家作業；而我不會做回家作業的原因則是，閱讀之於我極度困難。我盯著紙上的文字看，卻無法理解它們的意義，也無法讀出那些字；我無法將紙上的符號與我理解且每天都在使用的語言做出連結。現在回想起來，我知道自己有閱讀障礙，然而很可惜的是，在當時的時空背景下，無法這麼輕易辨識出讀寫障礙的存在。在那個時代，如果你閱讀能力不好，大家只會直接認為，是因為你很懶或很笨。

我的家庭狀況則讓一切更加艱困，在我終於度過一整天辛苦的校園生活後，回到家通常還得面對父母的爭吵。他們總是在吵架，有時候是對彼此大吼大叫，而爭執內容似乎多是關於該拿我怎麼辦才好，或是否該讓我留級，但他們幾乎不跟我談論這件事。總而言之，我的童年生活幾乎都在孤獨及焦慮中度過。

我衷心感謝我親愛的奶奶——索妮雅，她讓我進入中學時增加自信，學業表現也有所不同。她是身材嬌小的典型猶太祖母，總是對我有信心，也試著加強我的長處，而我的長處之一是口語溝通。一直以來，我都比較善於說話而非閱讀，索妮雅奶奶會握著我的手說：「布萊恩，你有說話的天賦，你一定能成功！」及「你一定要持續問問題！」隨著我越發內化這些訊息，也對校園生活更有信心。我開始問問題，也自願加入討論。我開始跟老師們產生連結，而不再避開他們。不久後我發現，自己如果在老師和同學說話時看著他們，就更能吸收他們所說的話；我越專注，就越能聚精會神地聆聽，理解內容也更容易。原來，小學的我藉由試著與校園生活疏離、避免與老師眼神接觸來逃過點名，其實讓學習這件事之於我更加艱難。

進入南加州大學後，挑戰更多、壓力也更大。大學是完全不同的環境，我必須更竭盡所能地掌握自己渴望也需要學習的一切，才能在畢業出社會後有傑出表現。以我在青少年時期養成的習慣為基礎，我開始極度關注我的教授，並跳脫傳統的課堂框架，找到與他們產生連結的方式。我會在下課後直接找他們，在教授的辦公時間盡可能跟他們待在一起（我的最愛），如此一來，就可以跟教授盡情討論上課內容。藉此，我可以在氛圍較緊密的環境裡問他們問題，藉由面對面討論，讓他們教的學科以新的方式靈活起來。

讀書小組也有類似的好處。跟同儕聚在一起，從他們談論或不談論的話題中，我都能學到不同事物，就像在讀學習指南或學習單一樣，大家都是我師法的對象。隨著聆聽他們的談話及解讀未從口語表達出來的線索（表情或肢體語言），我逐漸融入。我發現自己專注於他人身上時，對方能感受到我對他們有興趣，就更願意繼續跟我談話、分享。在這些對話裡，我會問一些讓課堂學習內容與個人更加相關的問題，例如：「為什麼我們要上物理課？如何運用到實際生活中？」或者我會問一些更深入他們思維或感受的問題，例如：「你為什麼這樣做？」及「那對你產生什麼影響？」我們有時會爭論，有時同意對方的觀點，但無論如何，這種來回討論都遠比課堂上的單向溝通來得有趣。透過這些方式，我盡可能吸收資訊，培養我的學識並拓寬眼界。況且，我還超享受這些談話的過程。

我大三時修了一堂進階化學課程，班上同學都是學校裡最聰明的傢伙。在上完第一堂課後，我發現這門課程對我來說可能太難了。然而隨著學期慢慢度過，我發現自己開始問一些比班上多數同學更有洞見、有見地的問題。在我詢問教授，他覺得化學史上最神祕的未解疑問是什麼時，我可以從教授的眼神裡看見賞識；我更記得自己意識到，**也許我就是班上最聰明學生之一**的那一刻。神奇的是，當我與他人有越多連結，也能從教育中獲得更多，也變得更有自信；就像我突然有了超能力一樣。

意識到這種技巧後，我的人生正式開始好轉。我知道這聽起來很老套，但這是千真萬確的。以上種種，也差不多就完整解釋了我的人生是怎麼走到現在這一步，我可從沒想過自己能夠寫書。我一直都在做電影和電視節目。但多年來，我都持續從我稱之為「好奇式對話」的對話方式裡盡情發揮好奇心——也就是跟有趣的陌生人聊天，並習慣從中學到新知——在這之後，我決定撰寫自己的第一本書《好奇心：生命不在於找答案，而是問問題》。在書中，我探討了好奇心帶來的快樂及它能改變人生的力量。接著我開始思考，為什麼這些好奇式談話真的能起作用——是什麼讓這件事這麼有影響力。我很快就意識到，這就是與某人產生連結的能力——能夠望著他們的雙眼、發出訊號，告訴他們我真的想聽他們說話、向他們學習。學會如何與人產生連結，大概是我一生中學到最重要的技巧，我也每天實踐這項技巧：在協商中、在片場裡、跟朋友談話時，還有特別是在一些新的場合裡。人際連結彷彿是我的解藥，為我原本可能因為學習障礙而充滿侷限的人生帶來改變。找到這些人際連結的技巧，讓我的人生如此充實。

我對人際連結的理解，來自我個人的經驗和直覺。然而實際上，也有值得採信的研究能佐證我的個人經驗。例如，哈佛研究員羅伯特．沃丁格博士（Dr. Robert Waldinger）就發現：「跟家人、朋友及社群有較多社交連結的人比連結較少的人活得更快樂、健康，也更長壽。」其他研究也顯示，良好的關係能保護我們的大腦，讓我們的記憶更清晰更久。這也就表示，說到照顧自己，與他人保持連結就跟多運動以及健康飲食一樣重要[1]。

閱讀這些研究，並思索與人產生連結的能力為我帶來的深遠影響時，我不禁開始擔憂。在當今的世界，我們似乎失去這種獲得健康、快樂及成功的關鍵要素。當今世界的一切都著重於不斷前進，我們並未花時間好好看看眼前的人們；我們沒有足夠的耐心逐步建立有意義的關係；取而代之的則是快速、交易性質的溝通。我發現這點在商業往來上特別顯著，大家比較在意「先人一步」及「把事情搞定」，而非著重於認識他人——他人的動力來源、他人關心的事物。然而事實上，不管從短期或長遠來看，多了解他人，通常就是把事情搞定的最佳途徑。

科技則使這些問題惡化，想想看，你是否很常看到，情侶共進晚餐時各自滑著他們的 Instagram 動態，全神貫注盯著手機螢幕而非看著彼此；或家長在孩子努力爭取他們的關注時，卻不斷點擊手機螢幕；或是滿會議室的主管都在看自己的電子郵件，而非注意正在報告的員工。似乎，每一天我們都在退步，失去與眼前人互動的重要機會。無庸置疑，我知道智慧型手機很好用，也沒錯，大家都知道，我會上傳自己在自家後院吃早餐的影片。但當我們的注意力越被這些裝置及社群媒體占據，就犧牲越多在現實中與他人實際連結的機會，而這些真實人際關係帶來的益處，遠非其他可以比擬。

儘管事實上，現在我們與他人「聯繫」的能力前所未有，疏離感及孤獨感卻逐漸成為人類的重大議題。在一項針對美國十九歲至三十二歲族群的研究中，最常使用社群媒體的前25%使用者中，表達自己感到孤獨的人，是最少使用社群媒體者的整整**兩倍**。當然，孤獨感在網路及社群媒體出現前就存在已久，但人與人之間的疏離感似乎達到了新高。現代美國人之中，有近半數表示他們感到孤獨[2]；在英國，孤獨的問題則嚴重到必須委任首任「孤獨部長[3]」（Minister for Loneliness）。我敢大膽地說，當今人們渴求真實的關係、歸屬感，以及被認識與理解的感受。

我們變得不善於與他人產生連結，主要是因為我們失去注視他人雙眼的能力、機會及渴望。隨著我們越來越注意自己的手機而非眼前的人；我們傳簡訊、寫電子郵件、透過社群媒體傳送訊息，而非實際與人面對面交談，我們就越發覺得，盯著螢幕比與人眼神交會來得舒服。然而，這將會帶來巨大的損失。有研究顯示，如果嬰兒沒有獲得足夠的眼神接觸，就有更多罹患神經及腦部失調的可能，拒絕眼神接觸的兒童及成人，則可能有更多心理疾患[4]。然而，我不需要這些研究也知道這個道理，我只要回想自己在小學時期，盡可能**不**跟老師有眼神接觸而失去多少就知道了。

當然，我們會在面對面接觸時使用許多工具，幫助我們更清楚地溝通並引導關係。對我來說，眼神接觸無論如何都至關重要；眼神接觸就像人際連結的無線網路，它的功能跟無線網路可以為我們連結網路上的無盡資訊一樣，能打開無限可能。一個眼神就足以捕捉另一個人的關注，激起交會、觸發吸引力，並創造真實連結的橋樑。此外，眼神接觸也讓我成為更專注、主動的聆聽者，能夠注視他人的雙眼，讓我進入正念（mindful）的狀態，也讓我更能自我覺察。它賦予我內在力量及自信，而這一切就能夠吸引他人。

如果一個人一直眼神游移地環顧四周的人事物，不會有人想向他敞開自我。也沒人願意跟一直盯著自己手機的人分享資訊。看進對方的雙眼，帶著你對他人抱持真誠又饒富興趣的訊號，就是尊重及認可的起點。這是讓對方察覺到，「他們很重要」的訊號，這就是有意義的關係中，所有必要元素的出發點——好奇、信任、同情心及脆弱。我們深深看進對方眼裡時，真正地看著他們，就是在跟對方說：「我看見了你。」我們察覺了他們的人性，他們也就此擁有機會發現我們的人性。

雖然這一切聽起來好像只跟個人的人際關係有關，我卻可以用親身經驗告訴你，眼神接觸讓**每一種**關係都產生巨大的不同。事實上，你創造眼神接觸的能力能夠成為你是否得到工作機會的關鍵點；能決定你能否獲得同事信任；或讓你提出的專案順利通過，它能成就，也能破壞你的職涯。沒錯，與他人眼神接觸這種小事就是這麼重要；畢竟不管我們是不是在辦公室，或在其他專業場合裡，我們都還是人類。

在這個世界上，我們的注意力太常用來低頭滑手機，或放在其他事物上，但僅僅抬起雙眼，迎接別人的凝視就能夠轉變一切。現在，不管在生意上或社交場合，看到有人能好好地與他人眼神接觸，總令我相當驚喜。如果有人平靜地看進我的靈魂，並真誠地對我的人生經歷感興趣，這讓人覺得自己獨一無二且真實；而我也會因為這件事而記住對方。在我們混亂的世界裡，充滿無止盡的忙碌及令人分心的事物，眼神接觸就是改變這一切的終極方式。

試試以下這個小實驗，你就會開始理解我的意思。找一天的時間，在每一場會議、每一頓飯及每一次對話裡，都把你的手機放到看不到的地方。注視每個與你互動對象的雙眼，在你與他們眼神接觸時，專心聽他們說話。專注於當下並好好聆聽，察覺你的互動方式如何改變，注意這讓你有什麼感覺，並看看這是否讓他人覺得更受尊重、更被聆聽、看見且更有價值。對方很可能也會以同樣的方式回報你。

眼神接觸最棒的一點是，它是一種完全民主的機制。凝視他人雙眼的能力不需要有任何金錢、特殊道具，或什麼菁英俱樂部的會員卡就能擁有。也無關乎你認識什麼大人物，或職業為何。只需要一點點刻意、勇氣及練習，任何人都能做到。但這不代表這件事很簡單，我直到二十幾歲，才（幾乎）能習慣性地看別人的雙眼，同時覺得自在又平靜。我很慶幸自己克服了過程中的尷尬感受，畢竟這樣的習慣讓我的一切都變得有所不同。這個最簡單的動作——看著他人雙眼的小小步驟——改變了我在這個世界上的定位、我生命的內涵，以及我回報這一切的方式。

身為人類，我們都在追尋與他人產生深刻、靈性又真實的連結，這就是活著的意義。我審視自己生命中的每次互動，特別是那些最微小的互動——不管是排隊買咖啡時，站在我隔壁隊伍的人，或在公園裡遛狗時，跟我牽繩打結的人——我都將這些微小的互動視為產生連結的邀請。本書裡的所有故事，都是關於這些人際連結如何改變我的人生。無一例外，我寫的每個故事都有一個共通點：

不管我在哪、跟誰在一起，每段人際連結都是藉由面對面的互動及注視對方雙眼而產生。選擇看見他人的存在，是一瞬間的簡單決定，我們每天都會做多次這種抉擇。我希望讀過我的個人經驗後，能讓各位開始將面對面互動擺在你生活裡的第一順位，並鼓勵各位開始抬起頭來，認真**看見**他人的存在。做出抉擇，然後觀察你的生命開始如何產生無比深刻的轉變。

第一章

你看見我了嗎？

我們致力追求的，就是真實的靈魂碰撞。

—— 歐普拉（Oprah Winfrey）

在我二十歲出頭時，我在華納兄弟擔任初階法律助理。工作內容主要是將文件遞送給城裡的重要人士，這份工作既累又無聊。然而，因為我活躍的思考模式，也善於創新，不久後就發現將這份無聊工作化為絕佳機會的方式。我在學校就已知道，我在跟人產生連結時的學習效果最好。所以我想，為什麼不在「現實生活」中試試這個方法，再用它來搞清楚職涯方向呢？

當我置身於好萊塢世界中。「**這世界怎麼運轉？**」「**我會在這裡待下來嗎？**」「**我要做什麼？**」「**我要怎麼打造我的人生道路？**」我有一大堆疑問。結果，找到這些答案其實比想像中簡單。身為法律助理，我每天就在名人的辦公室及業界有力人士之間打轉。我的工作就是告訴他們的助理，這些緊急文件必須由我親自送到他們老闆手上，否則就會無效。靠著這招，我就進到了這些人的辦公室。很快地，我開始跟作家、導演、製作人、製片廠負責人、經紀人，以及你能想到的各種對象聊天——這些人包括任何能幫我更了解電影這行祕訣的人。

我為自己設定目標：每天都必須認識一位新的業內人士。這個方法很成功，我也學到很多，因此我決定擴大範圍。再加上第二個目標：每兩週必須至少認識一位不在好萊塢業界的人。這次的經驗再次變得比我想像中更好。我不僅僅獲得更多資訊，更得到有意義的交流，讓我獲得靈感、向上提升，也滿心好奇，想了解更多。

雖然，我最終放棄了認識更多人的明確目標，但卻從沒停止進行所謂的「好奇式談話」。過去四十年來，我曾找到那些讓我覺得好奇的人，詢問可否與他們坐下來共處一段時間。有時候，我在一週內可以因此獲得與多位新對象會面的機會。我的動力來源就是向他們學習，藉此拓寬我的思維，並改變我對世界的看法。對我來說，我的談話對象有所收獲也跟我有所獲得一樣重要，所以我試著問他們值得深思的問題，或許也能激發他們的洞見。此外，我一定會帶上某種他們會覺得有用或有趣的禮物或知識。在我與喬治．沃克．布希（George W. Bush）會面時，我送了他一頂印上我節目名稱《勝利之光》（*Friday Night Lights*）的棒球帽，這個節目的地理位置設定在德州。我跟 Dr. Dre 見面時，準備好跟他聊聊

《出埃及記》（*Exodus*）的主題曲，他做的音樂有絕美壯麗的旋律，我想他一定會喜歡這個話題。

現在，我身為電影及電視製作人，尋找的是與我專長不同的人，希望發現能感動他們，激發他們靈感的事物。我熱愛了解各種背景人們的內心世界——從間諜及諾貝爾獎得主，到運動選手和科技大亨。我有幸與大藝術家，如：安迪·沃荷（Andy Warhol）、凱薩琳·奧佩（Catherine Opie）、傑夫·昆斯（Jeff Koons）及馬克·布拉德福德（Mark Bradford）（他很慷慨地為本書創作了藝術作品）見面，也有與國家元首會面的殊榮，包括：巴拉克·歐巴馬（Barack Obama）、羅納德·雷根（Ronald Reagan）、瑪格麗特·柴契爾（Margaret Thatcher）、約旦國王阿卜杜拉二世·胡笙（King Abdullah II Ibn Al Hussein of Jordan）、沙烏地阿拉伯現任王儲穆罕默德·本·沙爾曼（Mohammad bin Salman）以及以色列總理班傑明·納坦雅胡（Benjamin Netanyahu）。我也曾與會知名投資人華倫·巴菲特（Warren Buffett）、Spanx 塑身衣的創辦人莎拉·布雷克里（Sara Blakely）、知名科幻小說作家以薩・艾西莫夫（Isaac Asimov）等許多人士。幾年前，我將這些對話的精華集結成《好奇心》一書。在那之後，我又與無數有趣、有成就的陌生人對話，其中有些人成了我的朋友。以下，我會快速分享幾個故事。

不久前，我與身兼饒舌歌手及社會運動家的索尼塔・阿利薩德（Sonita Alizadeh）一起坐在我家客廳。十七歲時，索尼塔寫下並錄製了一首饒舌歌曲，她在知道家人意圖以九千元的價格將她出售為童婚新娘後，開始控訴這種強迫婚姻。這首歌迅速竄紅，她也變成許多女孩心裡的英雄，這些女孩正面對著這種壓迫她們人生的無期徒刑。她的歌詞裡寫著：「我尖叫，為了彌補女人一生的沉默。」這首歌成了她家鄉阿富汗家喻戶曉的歌曲[5]。一頭長黑髮、雙眼又大又明亮，她渾身散發一股冷靜的自信，思索著人生所經歷的一切。在孩童時期，索尼塔和家人逃往阿富汗，逃離塔利班政府的高壓統治。她也因此必須去刷洗浴室地板，以支撐自己及家庭的溫飽，同時還要自學閱讀及寫作。清理浴室時邊聽收音機，讓她著迷於伊朗饒舌歌手 Yas 和阿姆（Eminem）的音樂。索尼塔在饒舌音樂裡，發現了自我表達的管道，並開始寫下關於童工的自創歌曲。許多阿富汗籍朋友一個接一個從教室消失，做為童婚新娘出售的記憶在她心裡縈繞不去，因此再也無法保持沉默。在伊朗，女性唱饒舌歌是違法行為，挺身而出訴說事實也無比危險，她因此將自己寫好的歌詞藏在背包裡。後來她聽說美國有一場比賽，可以寫歌給阿富汗人並投票選出贏家，於是她投稿了自己的歌，並贏得千元獎金。她將獎金寄給搬回阿富汗的母親。

不久後，索尼塔寫了一首饒舌歌曲《待售新娘》（*Brides for Sale*），為所有面對強迫婚姻的女童發聲。她播放影片給我看，影片中，她用柔和但嚴肅的嗓音與我分享她十歲時，媽媽第一次打算將她賣給男人的經歷。

影片中索尼塔身穿白紗，身上畫著許多瘀青傷痕，額上有一道條碼。她發聲抗議這項習俗，也向鏡頭懇求別將她賣掉。這支影片迄今已有超過百萬觀賞次數，並為她贏得猶他州一間音樂學校的全額獎學金。

索尼塔用她深邃又充滿情感的雙眼告訴我，她並不因為母親嘗試將她賣掉而憎恨母親；她知道，這就是老一輩當初被扶養長大的方式。索尼塔不為過去所困，而是放眼未來，她試著透過社群教育，改變傳統及文化。她說，雖然世界上有許多悲慘的事，但如果你願意為自己想看見的改變發聲，還是有許多希望存在。索尼塔的平靜及修養深深打動了我，她還在念中學時說出的話，卻有遠遠超過她年齡的智慧。坐在她身旁聽她訴說自己的故事，我覺得我深入了解她的人生。

對談結束後，我們一起到餐桌用餐。當天索尼塔就住在我們家，我和維若妮卡都覺得，如果能多花點時間和她相處，像她的家人一樣了解她一定很棒。吃完甜點後，索尼塔從餐桌起身，在院子裡和我兒子派翠克玩球，就像所有青少年一樣玩鬧。我們相處的這段時間為我打開了眼界，認識童婚這項久遠的習俗，讓上百萬女孩面臨一輩子的暴力及奴役。開啟這段談話時，我對阿富汗或伊朗女孩的人生經驗毫無概念，而她讓我一覽全貌，不僅是生活的現實條件——必須屈服於一輩子遭受強暴及強迫勞動的痛苦——最重要的是，活在恐懼中的感受，以及從壓迫下挺身而出的勇氣。她讓我對於人性的美善、韌性及最重要的——希望有了全新的理解。

另一段讓我印象深刻的對話，是與獲獎記者及「心流」專家史提芬・科特勒（Steven Kotler）的談話。這場對話，是因為我多年的心流經驗而開啟。

當時，我剛開始在夏威夷北岸拍攝衝浪電影——《碧海嬌娃夢》（*Blue Crush*）。透過當地人的眼光，近距離吸收衝浪文化。我發現這項運動真令人難以抗拒。看別人衝浪讓人相當興奮，只要想像北岸那種絕妙巨浪完全是大自然的傑作，就讓人心曠神怡。我看到衝浪客既渴望又無畏地衝進約六至十六公尺高的海浪中，再興奮無比地回來。我也想經歷這種感受，但我從沒衝浪過。當時我四十歲了，但我還是決定學衝浪。我跟一位當地人布洛克（Brock）成為朋友，他衝過全世界最大的浪頭。布洛克是個堅忍、冷靜又毫無偽裝的人，大家都知道，不管是衝浪、打架還是越野摩托車，每件事他都無畏無懼。我們之間馬上就有了化學效應；他是天生的老師——通曉衝浪的一切及水上安全知識，而我是與生俱來的學習者。我們有得忙了。

布洛克教我如何在衝浪板上站起來，也告訴我，關於大海的物理知識等基本技巧，如此一來，我才能挑選完美的浪來衝。多年來，他不僅僅指導我衝浪，更是我的朋友，他也已經在海上救過我好幾次。有他在，我就會挑戰自己的能力極限，因為他在身邊，讓我覺得很有安全感。

衝浪技術更上層樓之後，我開始經歷心流狀態（flow state）。在衝浪這項活動裡，心流狀態比較容易理解；想想那些專衝大浪的衝浪客，例如：布洛克、萊爾德．漢彌爾頓（Laird Hamilton）、綺拉．肯內利（Keala Kennelly）及馬庫哇．羅斯曼（Makua Rothman）；試想他們每個人在海面上等待時機，鑽入超過十二公尺高、足以摧毀建築的巨浪中，然後能以毫秒之差的精確時機站上衝浪板，仰賴心流狀態的直覺克服這些巨浪。要在一瞬間衡量所有變數，實際上不可能辦到，得靠自己的心流才能夠存活。

在我能夠追到好浪之後，我開始完全沉醉於站上衝浪板的時刻；當下的意識超級清晰，但不再擔心怎麼平衡衝浪板或腳該怎麼擺。那種感覺就像慢動作播放的狂喜感，是我從來沒有過的感受。那轉瞬而逝的十五秒實在太令人興奮陶醉，我願盡我所能，找機會飛到印尼或夏威夷來獲得那種感覺。接下來，我變得更加好奇：「**我能將心流的元素跟公式，轉換到其他事情上嗎？例如：打網球或一對一的好奇式談話，這些事情做得好的時候，都會讓人感到身處永恆。**」因為我心裡沒有答案，所以我聯絡了史提芬。

我們在聖塔莫尼卡一家溫馨的義大利餐館喬吉歐餐廳（Giorgio's）碰面吃晚餐，地點就在太平洋海岸公路下來不遠處。史提芬一走進餐廳，我馬上就喜歡上這個人了。他散發出一股鮮活、幾乎能震動周遭的能量。他坐下來之後，我們點了一瓶紅酒。談話很自然地進行起來，史提芬非常專注，以至於他在我們談話時幾乎都沒眨眼。他將心流定義為我們全神貫注、充滿活力、專注且沉浸於正在進行的活動，並達到最佳表現的時刻。在這些時刻，包括空間和時間的其他所有事物彷彿都消失了。他描述的完全就是我在衝浪時感受到的那些珍貴片刻。最近，我在網球場上開始有這些感覺。

史提芬繼續解釋道，「化境」（the zone）或「心流狀態」是這世界上最讓人嚮往的狀態，但也是最難以捉摸的狀態之一。追尋心流狀態的人們花費幾世紀，嘗試以持續並可靠的方式複製這種經驗，但沒多少人成功。其中的例外就是那些冒險運動選手，例如：衝浪選手、滑雪選手以及攀岩家，他們不斷面對種種挑戰，包括從高聳的懸崖到彷彿在反重力狀態的巨浪。我心生好奇：「**有什麼是這些選手知道而我不知道的？**」「**他們『內心的活動』是什麼？**」史提芬告訴我，在心流狀態下，大腦會製造大量提升表現的化學物質，例如腎上腺素及多巴胺，這些物質能讓人更加全神貫注，並降低訊號雜訊比。[6]

享用完主菜後，史提芬跟我分享他開始研究心流的原因。他曾罹患萊姆病，有整整三年，這種疾病讓他整個人失能且病痛纏身。萊姆病也讓他變得極度偏執，他發現自己開始出現幻覺，更失去短期及長期記憶，無法閱讀、寫作，甚至無法辨識綠色。他說他當時嚇壞了，親身經歷自己慢慢發瘋的過程無比痛苦；當時他才三十歲，但卻想著要結束人生。

有天，史提芬的朋友鼓勵他去衝浪，希望這會為他提振精神。衝浪讓他身體虛脫，接下來兩週，他幾乎都無法下床。然而就在史提芬身體好一點之後，他又去衝浪了，接下來又是一樣的循環。每次他去衝浪，他就能進入意識的改變狀態。他解釋說，心流狀態將所有壓力賀爾蒙沖刷出他的身體系統，並使他的身體充滿提升表現的化學物質。這種現象重啟他的神經系統，最終幫助他治癒了萊姆病[7]。我深受這個故事吸引。

在喬吉歐餐廳用餐當晚後的接下來幾週，我都早早起床觀看我能找到關於心流的所有 YouTube 影片、文章、訪談及任何有趣的內容。於是，我開始思考意識改變狀態的整體概念，也閱讀了麥可．波倫（Michael Pollan）的著作《改變你的心智》（*How to Change Your Mind*），內容關於迷幻藥對我們意識產生的影響。我從沒用過毒品，但我對作者關於迷幻藥如何對我們的健康能產生正面影響的論述十分好奇。好奇式對話常會引領我走入這種研究的旅程，每次會面都讓我增加學習的渴望。（沒錯，我現在正試著聯繫波倫，看他是否願意跟我見面對談！）

每一次的好奇式談話都不一樣，我總是盡可能做好完善的準備。但我發現，擁有充實互動的關鍵並不在於準備好滿滿一張問題清單。事實上，做好準備雖然非常重要，但更重要的是，你要帶著好奇且開放的心情接納新事物，抱持初學者的心態。不在心裡預設對談重點，才能讓談話擺脫死板、照本宣科的訪談樣貌。與人對談時，如果你希望這場思維的交換走下去，你**必須**專心聽對方說話。這種專注，就從眼神接觸開始。

注視對方雙眼這個基本習慣就是好奇式談話能奏效的原因，也讓對談對象談話時更加興奮。假設好奇心讓我和他人身處同一空間，推進談話的引擎，眼神接觸就是點燃引擎的火光。眼神接觸是真正認識一個人，並創造真實連結的第一步。

在好奇式談話中，用平靜、專注、感興趣的眼神注視對方，讓我更專心傾聽對方、構築問題並推進討論。眼神接觸更能傳遞之於對談成功與否至關重要的訊息——**我在這裡**。利用眼神讓對方知道，你專注於他們身上的同時，也在告訴他們，你真誠地想認識他們。你花時間及心力關注他們，是因為他們值得；他們的知識、思維、見解、經驗都很珍貴。不管對方的職業、身分或興趣是什麼，不管他們承認與否，這世界上的每個人都渴望這種肯定。從我的經驗來看，如果你能給他人這種感受，他們就更可能開放心胸且誠實談論他們的背景及行事動機，通常他們也會希望能了解你。

我們都聽過，「愛需要互相給予」這個老生常談；事實上，所有連結甚至陌生人之間的交流，都應該是雙向互動。試著回想你在職場或家裡的經驗。如果你女兒回到家，你跟她聊起自己當天的生活，卻沒問她今天過得如何，這個交流時刻很可能會失敗。同樣地，若有人想跟你暢聊他生活中的一切事物，卻沒有表達出對你本人生活的絲毫興趣，也會產生一樣的結果。

單向交流不可能成功，必須雙方都同樣投入才行。如果對談雙方都同樣積極參與、貢獻且相互學習，就能構成一場最棒的好奇式談話。我們深深看進對方雙眼，傾聽、付出同情心，有時甚至可以達到脆弱及相互信任的狀態。有付出也有收穫，就會培養出親密感[8]。進入這種狀態時，（幾乎）是無可比擬的好；我常發現自己正想著：「哇，這根本就像是一場最棒的約會。」感受到那種真實連結帶來的化學效應後，我就對這種感覺上癮了。

雖然眼神接觸一直都是我進行好奇式談話的關鍵，但一開始，我並不是有意識地練習它，甚至根本沒發現我正在與他人眼神接觸。我根本沒想過這件事，理所當然地，它就不會是我日常生活中的一部分。在朗．霍華點醒我以前，我根本沒想過要與他人眼神接觸。

我在華納兄弟的跑腿工作結束後，開始為一位脾氣不太好的電視台副總裁艾德加．謝爾克（Edgar Scherick）工作。謝爾克提出了一項我無法拒絕的條件：「只要你把節目賣出去，我就讓你做。」所以，我賣出了一齣電視製作電影。成果很棒，接下來又有許多出色的節目，包括：一部有關「十誡」的知名影集。憑藉我的成功，我跟派拉蒙簽了專屬合約。我就是在那裡遇見朗。朗是一名演員，他也想執導電影，而我則想製作電影，因此我們開始合作。一開始，我們一起創辦了「想像娛樂公司」（Imagine Entertainment），過去三十五年來，我們都是合作夥伴。

即便在我們才二十幾歲時，朗就已經擁有傑出的溝通技巧。有天，他用溫和的方式跟我分享他對我的觀察。

朗問我：「你知道自己在跟別人面對面時，很少看著他們的眼睛嗎？」

當時是一九八〇年，我們就在我們當初認識的派拉蒙片廠，一起坐在我的辦公室裡。我們剛和編劇洛厄爾·岡茲（Lowell Ganz）及巴巴魯·曼德爾（Babaloo Mandel）碰完面，他們後來跟我們合作寫出了《銷魂大夜班》（*Night Shift*）、《美人魚》（*Splash*）等多部電影。當時我手上同時在做好幾件事，過去我開會時，總習慣這樣一心多用。我會在別人講話時讀其他東西，或寫下我那一個禮拜的待辦事項；我沒想太多，那只是我的習慣。

到了二〇一九年，我已經知道，在別人跟你講話時分心做其他事情並不好。

不僅不尊重跟你說話的對象，更會導致周遭的空氣凝結。但在當時，我並沒有馬上搞懂朗實際上想跟我說什麼。

「什麼意思？」我回答

「你真的有在專心聽洛厄爾和巴巴魯說話嗎？」

「當然。」我說。「每個字都聽得清清楚楚。」

朗又說了：「你可能有在聽，但你沒**看著**他們。如果說話時你沒注視對方，這會傷對方的心。」

「但是他們說的話我都聽到啦。」我答道。

「那不代表什麼。」他說。「如果別人說話時你不看著他們，就會讓人覺得不受尊重。」

這番話點醒了我。我清楚記得被這樣對待的感受。我剛踏入這行時，我曾跟一位好萊塢最有權勢的經紀人碰面。他從不曾注視我的雙眼；反之，每次我見到他或試著跟他說話時，他的眼神就像我是透明人般直接穿過我，或直接繞開我。

這讓我覺得自己一文不值，因為我看得出來，他根本完全不在乎我說的話。我想我們都遇過，在派對上碰到的人跟我們說話時根本沒看著我們；這種感覺不太好。直到朗點醒我，我才意識到，或許有時候自己也這麼對待別人。我不禁思考，我這種作法是否讓別人也有自己當初在那位經紀人面前的感受。

朗點醒我帶來的影響，也展現在《銷魂大夜班》裡，那是我們合作的第一部電影。《銷魂大夜班》裡的英雄人物是比爾．布雷茲卓斯基（Bill Blazejowski），這個角色由麥可．基頓（Michael Keaton）飾演。比爾這個年輕小夥子，在從事一連串工作但都被解雇後，在紐約市太平間的大夜班工作時，想到了經營賣淫集團的點子。雖然這不是我本人的親身經歷，但比爾故事的靈感來自我年輕時想好好做一份工作的掙扎心情。根據朗給我的建議，我決定給比爾一個誇張的特質——完全無法保持眼神接觸。每次他又想到什麼鬼點子，比爾的眼睛就會到處轉，很明顯地，他的注意力在別的地方，而沒有專注於身邊的人身上；他是個不知道眼神接觸與尊重該劃上等號的皮條客。這個角色以喜劇來說相當不尋常，但對我個人來說，則是用來矯正我個人行為的小提醒。

朗給我的建議，也直接影響了我跟其他人的互動。自從他指出我缺少眼神接觸後，我決定在每次跟別人開會時都看著他們。**在我這麼做以後，神奇的事發生了，這些會議變得不單只是生意上的往來，我感受到更多與他人的連結。比起過去看向其他地方，眼神接觸讓我能察覺更多事**，例如：對方對於這項計畫多有信心——或多沒信心。大家都發覺我專注在他們身上，因此覺得自己受到尊重；他們也因此更尊重我，對於我所說的話也產生更多真正的興趣，更因此產生了新的互動關係。

如果這種現象聽起來很熟悉，那你想得沒錯；在好奇式談話裡，也是同樣的道理。我很自然地進入談話內容，渴望向對方學習，希望了解他們的一切。這種渴望會呈現在我全神貫注的凝視眼神裡，人際連結的大門也就此為我敞開。我當初對這種人與人之間面對面的相處沒想太多，不過現在，這種模式對我來說再簡單不過。每個人——不僅止於我邀請與我面對面展開好奇式談話的人——都想感受到，自己被人看見、傾聽、尊重，還有自己的感覺被珍視。事實上，每個人也都有他可以教導我們的新事物，或能帶領我們用新的角度看待世界。要釋放這些潛在的可能性，我們所需做的，僅僅是透過眼神讓對方知道自己的感受，並邀請他們與你產生連結。

第二章

勇於冒險，產生連結

如果想體驗所謂的人際連結，

我們就必須勇於冒險，讓自己脆弱。

—— 布芮尼·布朗（Brené Brown），

《不完美的禮物》（*The Gifts of Imperfection*）

歐普拉．溫芙雷可說是世界上最有天分的溝通者。她富同理心的眼神結合她帶來的溫暖，足以解除內心最封閉受訪者的防衛，這些人都不可避免地敞開心胸，與她分享最私密的感受及生命故事。我曾親歷這種氛圍。

如同我在《好奇心》一書裡描寫，我首次見到歐普拉時，正逢人生低潮。我們約在她入住的貝沙灣飯店共進早餐。歐普拉跟她長久以來的摯友蓋伊兒．金（Gayle King）待在一起，金是傑出的記者及電視主播。當時我正面臨感情危機；通常，我需要一點時間才能敞開心胸，但不知道為什麼，我馬上就覺得自己可以信任歐普拉。我覺得自己好像早就認識她了。很快地，我就開始對她掏心掏肺，盡情傾訴我的感受，而這些心情我從沒對別人訴說過。**歐普拉全神貫注的方式有種特質，她將自己靠近我、凝視我眼神的方式，讓我覺得她看見了真正的我並且關心我。她不僅重述我說的話，還有種天賦，能幫助我綜合自己的思緒及感受，並釐清這些錯綜複雜的情緒。**她會說：「所以，也就是說，根據你對於**這件事**的感受……聽起來好像，你必須相信**那件事**……」歐普拉協助我更了解我自己。

跟她產生連結是一種非常震撼的經驗，而那次經驗為我帶來的感受從未消失。

多年後，歐普拉邀請我上她的節目《超級靈魂星期天》（*Super-Soul Sunday*）針對我的書與她進行對談。這一次，類似的事情又發生了。我很習慣為自己製作的電影及電視節目受訪，但相較下，打書的公開巡迴則更私人；因為書裡寫的都是我的人生經驗，談論這些內容讓我覺得很脆弱，也不太自在。我將成為這長達一小時節目的唯一焦點，我必須深入自己的靈魂。開車前往歐普拉於蒙特西托（Montecito）的住宅路上（節目訪談通常在那裡進行），焦慮感朝我襲來。

抵達目的地後，大門打開了，我們停在長長的車道上。一看到歐普拉穿著亮綠色的衣服踏過草皮走來，我緊繃的神經立刻放鬆；我馬上就感到舒服又安全，且呼吸終於再度順暢。這種感受並非來自於她所說的任何話，而來自於我們眼神交會、打招呼時，她的臉色立刻亮起來的模樣帶給我的感受。我覺得自己備受理解。

二〇一三年，歐普拉在哈佛大學的畢業典禮上致詞，談論她對人們的觀察：

我的職業生涯裡，共做了超過三萬五千次訪談，每次攝影機一關機，受訪者都會轉向我，無一例外地用自己的方式問這個問題：『這樣可以嗎？』布希總統問過、歐巴馬總統也問過；不管英雄人物還是家庭主婦都問過；案件的被害人、行兇者也都問過。甚至是碧昂絲也用她的碧昂絲風格問過……他們都想知道一件事——這樣可以嗎？」[9]

我們的內心深處，都不乏自我質疑和不安全感。我們藉由他人的雙眼來衡量自己是否可以信任他們。在從他人眼裡找到敞開的態度與關注後，我們才較能讓自己變得脆弱，並分享自己的感受；感受到他人的傾聽後，我們感到備受理解及肯定；在感到被理解及肯定後，我們就會喜歡這些人；只要喜歡這些人，我們就能信任他們；信任這些人以後，我們就更能展現最根本、真實的自我。為了建立超越一般閒聊且深刻、有意義的連結，我們必須達到上述的那種境界。

人們在與歐普拉面對面時能敞開心胸，大部分是因為他們可以從歐普拉注視他們的方式感受到真摯的關心及關懷。歐普拉毫無保留地展現自我，這讓其他人在她面前也想展現自我。在這方面，我相當崇拜歐普拉，並盡力以誠懇、真實的自我待人。

我發現，如果我不逼自己在與他人面對面接觸時竭盡所能表現出最真實的自我，就無法盡可能地為自己也為他們善用這些面對面的時刻。如果我自我武裝，只跟他們用表面相處，就像我根本不在現場一樣。如果我隱藏真實的自我，試著討好誰或裝扮成別種面貌，那我跟自己要面對面相處的對象，就浪費了以最本質的靈魂連結的機會。

凝視他人的眼神有時候的確可能很尷尬、嚇人，甚至讓你覺得丟臉。在另一個人面前展現「真我」，也不一定總讓你覺得舒服——反而常常讓你不自在。但我從中學到的是，如果我們想在自己的人生中建立有真實意義的連結，就必須允許自己脆弱。

在手機漸漸普及以前，如果我在活動上提早抵達，或發現自己單獨跟陌生人待在同一個空間（例如電梯裡），我會覺得好像必須跟他們說點什麼，或至少表現出我知道他們的存在。我想，我們應該都有過這種感覺。但現在，我們通常會低頭看手機，一直滑社群媒體的動態或察看信箱收件夾，因為我們不知道怎麼開啟一段對話，也可能不知道對方是不是想跟我們聊天。

要冒險與他人產生連結，需要一點勇氣。畢竟我們的興趣、關注或凝視的視線不一定會得到回應。再加上我們身而為人，勢必都會有不安全感，因此我們常覺得問題出在自己身上：**「是因為我的外表嗎？」「因為我不夠有趣？」「因為我不夠重要？不夠聰明？」**但問題通常不是出在這些地方。

有時候，人們就不在那種想與他人產生連結的狀態裡。時機或狀況不對，或也可能因為，我們得再加強自己產生連結的技巧。研究顯示，如果你想跟別人建立真心的連結，眼神交會最理想的時間是七到十秒（如果是一群人，則是三到五秒）[10]。如果凝視時間太長，可能會讓人失去興趣、開始覺得詭異。如果你想連結的對象沒有回應你，你可以思考看看，或許眼神注視的時間太長了？你的凝視有沒有變得像在瞪人？是否站得太近？也或許你讓人覺得太刻意了；也許你讓人覺得有所企圖。下次遇到同樣的狀況時，試著換個方法。

當然，還有另外一種可能性，你的嘗試沒有成功，是因為你想連結的對象覺得尷尬、害羞或沒安全感。他們可能因為覺得脆弱而不自在，這可能來自於他們成長的環境，或過去的糟糕經驗。你可能永遠也無法知道，為什麼他們對於接受交流感到遲疑。但我發現，如果你能克服這種不舒服的感受，最終就很有可能獲得你正在追尋的那種火花。

在我剛開始決定做《街頭痞子》（*8 Mile*）這部電影時，我知道自己只是想做一部關於嘻哈的電影。我很早就知道，嘻哈文化的一些代表人物——Slick Rick、Ol' Dirty Bastard、RZA、Chuck D，進入九〇年代後，我清楚地意識到，嘻哈文化在美國年輕人生命中具有相當重要的地位。有一晚，我與一位知名《紐約時報》記者辯論，他堅稱嘻哈只是次等的小眾文化之一，不會維持太久；這種論調對我來說相當荒謬。綜觀過去的歷史，當下在孩子之間流行的事物，就會變成未來的主流。我很清楚，年輕一代的主流文化，勢必會逐漸成為大家的主流文化。這位記者認為他自己洞悉真理，然而事實正恰好相反；但他也不是唯一沒搞清楚狀況的人。

當時，大部分體制內的聲音都與社會現實脫節，他們並未認知到嘻哈文化的重要性，也不尊重這種文化。我為此感到沮喪，也想改變這種狀況，所以決定製作一部電影，傳達嘻哈文化的力量。這部電影裡，嘻哈本身就是主角。我不以故事為起點，而是以一個主題及強而有力的觀點出發。

聽說我的構思後，Dr. Dre和吉米．艾歐文介紹我與馬紹爾．馬瑟斯（Marshall Mathers，即為阿姆）認識。我並不認識阿姆，但我對他很好奇。當時他已經推出一張熱門專輯，但還未成為巨星。我對於他的弱勢背景及原創又充滿開創性的音樂非常有興趣。阿姆的音樂以獨一無二的方式結合了各種元素：來自城市貧民窟的聲音；他另一個身分——痞子（Slim Shady）的幽默及嘲諷；再加上流行文化。我覺得這種組合相當出色。

阿姆一來到我的辦公室，就表現得相當有防禦心。他冷淡地向我打招呼，冰冷的眼神沒有任何溫度。他坐在我的沙發上，三十分鐘的多數時間都盡可能避免看向我，或跟我產生任何程度的連結。

你可能也遇過這種情況，跟你碰面的人一點都不投入，完全不願接受你投注的關心。現在回頭去看，我知道他不是針對我個人，他只是比較內向，很諷刺的是，這種性格常出現在極富才華的藝術家身上。

當下我覺得度秒如年。我用盡一切辦法，試著讓空間充滿正面能量，使馬紹爾覺得夠安全，願意卸下武裝。我努力讓他看見我靈魂的本質，也清楚表現我的用意；我希望這部電影能用最真實的形式描繪嘻哈，我對於馬紹爾的個人觀點非常有興趣。但無論我如何試著跟他建立談話，不管我的問題多明確、多引人入勝，他就是沒反應。這整個過程令人痛苦。最後他覺得夠了，於是從沙發起身。

「我走了。」

我當然可以直接讓他離開，這不是我第一次——也不會是最後一次——不如預期好的會面，無法建立連結。但我在電光石火之間做了一個決定；我跳起來，請求他最後一次。

「別這樣。」我直直望著他的雙眼，停頓了一下。接著，絕望感驅使我問他，「你可以有活力一點嗎？」（"You can animate?"）

我的行為很可能引火上身，或顯得太有侵略性，但他先是看著我，彷彿生氣一樣。但後來，我既訝異又鬆了一口氣，他坐回沙發，終於願意開口。他告訴我他的出身背景及如何成為饒舌歌手的故事。這次談話持續了近一小時，那天他跟我分享的故事，最後就成了《街頭痞子》。

後來我才知道，「animate」這個字來自拉丁文的「anima」，意思是生命、靈魂或魂魄。那天我跟馬紹爾對話時大可選擇其他字眼，但不知道為什麼，我直覺地選了這個字，表達我想了解他的靈魂。這一切恰好足以讓他看見我的靈魂。

與他人連結並沒有明確的途徑或指示，也並不總是馬上就能成功，有時候需要一點耐心，有時則是得試著打破眼前的那道牆，然後看看接下來會發生什麼事，就像我跟馬紹爾的例子一樣。想當然爾，你一定也可能因此破壞建立連結的機會，但這比起因為選擇打安全牌反而什麼也沒得到，會更糟糕嗎？

在我們第一次會面時，馬紹爾並沒有完全向我敞開自我。但至少他願意待下來跟我談話，這就足以建立基礎，逐漸建立更深刻的連結。

阿姆和我一起製作了《街頭痞子》，後來他因此贏得奧斯卡最佳原創歌曲獎。事實上，《失去自我》（*Lose Yourself*）這首歌是第一首贏得奧斯卡獎的嘻哈歌曲。隨著時間流逝，我對嘻哈文化的愛與尊重越來越深，也透過我的作品表現出來，包括：《嘻哈世家》（*Empire*）影集、劇本電視影集《武當幫成名錄》（*Wu-Tang: An American Saga*）、傑斯（Jay-Z）的紀錄片《美國製造》（*Made in America*）以及一部傳記電影，主軸為作品繁多的陷阱音樂藝術家古馳・馬恩（Gucci Mane）的故事。嘻哈現在全世界最受歡迎的音樂類型，文化影響力相當重大，從體育及科技，再到媒體及時尚領域；現在終於毫無疑義，嘻哈就是我們這個時代的主流文化。

第三章

緣分的「關鍵」

你必須從女性的雙眼裡看見她的美好，

因為那是通往她內心的大門，愛棲息在她的心裡。

—— 奧黛莉・赫本

七年前，我結束了一段維持幾個月的關係，當時我以為自己會休息一陣子，暫時不談戀愛。我的鄰居芭芭拉跟她先生羅伊就住在我馬里布（Malibu）的住家附近，我跟芭芭拉認識超過十年，她是一位自信、美麗的義大利女性，她渾身散發著一股生猛有力的氣息。芭芭拉看我經歷多次糟糕的戀愛關係及分手過程，因此邀我共進晚餐，聊聊近況。我很期待這頓晚餐，因為芭芭拉實在太了解我；事實上，我們就像手足一樣，常常溫暖地跟對方打招呼：「嗨，老弟。」或「見到妳真是太開心了，老姊！」

芭芭拉的摯友麥克斯從義大利來訪，因此我們前往聖塔莫尼卡的卡波餐廳（Capo），那是一間位於海邊小鎮的預約式餐廳，餐點令人垂涎三尺。我很愛這家餐廳的菜——最愛的是在柴火上烹調的紙包悶烤鱸魚以及炭烤凱薩沙拉——而且餐廳本身帶有樸實、溫暖但優雅的風格。我們的晚餐時光非常歡樂，啜飲上好的巴羅洛（Barolo）葡萄酒。在我們享用完主菜時，我注意到一位身穿紅色洋裝，極具吸引力的女性走了進來。一頭波浪金髮在她轉頭環視室內時款擺肩上，因為她帶著異國風情的臉孔，我猜不出她是哪一國人，她身上還有一股明亮的生命力。正巧她走向我們這桌，而我完全無法將眼神移開。

「嗨，維若妮卡。」芭芭拉出聲，站起身來擁抱、招呼她的朋友。維若妮卡的雙眼在她露出笑容時似乎閃閃發光。接著，芭芭拉向她介紹我；為了展現我的禮貌，我站起身來握了握她的手，我們四目相接的那一瞬間，我馬上感受到一股吸引力。一股我未曾預料的暖流沖刷過我的全身。

「妳願意一起喝一杯嗎？」我問道，並期待她答應。她眨眨眼，禮貌性地婉拒了，她說不希望打擾我們用晚餐。

「我只是來拿鑰匙，芭芭拉昨晚跟我出去慶生，我把鑰匙忘在她皮包裡了。」

「我們剛好吃完，你完全沒打擾到我們。加入我們吧！」我說。

她在空著的座位坐下，座位旁邊剛好就是我，於是我們開始閒聊。那時剛好是聖誕節前幾週，所以我們聊起了假期計畫。我打算跟一些朋友去聖巴斯島（St.

Barts），而她準備回賓州與家人團聚。我們的對話輕鬆、有趣，在維若妮卡開始因為笑話而嶄露笑顏時，我注意到她的嘴巴及她嘴唇的形狀，我深深著迷且不禁想親吻她。我們才剛認識彼此約五分鐘，但當下身邊的所有人事物彷彿都消失了；我已完全被她吸引，這種感覺我至今從未有過。

當天稍晚，我們走出餐廳，在泊車處面對面站著。她的雙眼因為內心喜悅而發亮，而我發現這就是她最真實的樣貌。我立刻向她要了電話號碼，隔天早上就打給她；從那時候起，我們就一直在一起。（對了，過了這麼多年，我還是不相信當初維若妮卡真的只是剛好經過，找芭芭拉拿鑰匙。她永遠也不會承認這件事，但我敢大膽的說，「緣分」跟「計畫中的緣分」其實也差不多！）

我的朋友惠特妮．沃爾芙．賀德（Whitney Wolfe Herd）很有魅力，她是Bumble 的創辦人兼執行長。這是一個社群網絡，讓人們可以與生活中其他領域的各路人產生連結，不管是發展戀愛關係還是專業交流都可以。維若妮卡跟我有很多朋友，現在都開始使用像是 Bumble 這種軟體來打破自己的生活型態，認識在平常的社交圈裡不會產生交集的新朋友。「這很驚人。」惠特妮說：「只要手機一滑，按幾個鍵，就可能產生人際連結，這些連結在真實世界裡有影響力又能帶來啟發，能改變你整個人生際遇。」

惠特妮說的沒錯。我也曾見證過網路上認識的朋友，後來變成長久、真實的人際關係。然而，不管 Bumble 或其他任何社群網絡有多棒，虛擬的互動還是有極限。往左滑或往右滑只是一種形式，你無法用 Google 找到信任、真心或親密的關係。互傳簡訊及電子郵件，也無法讓你有機會與他人真正的靈魂碰撞。**如果你渴望的是深刻、有意義的關係，到了某種程度，你就是得跟對方面對面認識彼此；藉由面對面，你才能藉由讀他們的眼神、肢體語言及氛圍，來了解對方的個性及真正的想法，才能知道你們之間的關係是否有點「不一樣」。這點在戀愛上尤其真切。**

我個人覺得，真愛永遠起源於眼神。跟對的人只需要一點點眼神接觸，就像毒品一樣，能觸動你的其他所有感官。這也是我跟維若妮卡第一次眼神交會的感受，雖然只是短短的注視，卻能藉由眼神交換揭露對彼此的好奇。我們在他人眼裡看到對方對自己的好奇後，就會覺得受到肯定。能感受到對方想更了解我們的感覺很好，因為我們知道，對方在自己身上看到值得了解的部分。如果彼此之間有化學反應，我們就會想回報對方這種感覺；藉由雙眼——以及肢體語言——我們讓對方知道，自己也確實看見對方真正的自我，我們也想更了解他們。這種渴望連結的感覺會讓我們勇於嶄露脆弱的一面。我們開始敞開心胸，而在向對方揭露內心時，我們就能知道是否能信任對方。如果對方值得信任，我們就會更勇於表現我們脆弱的部份。就算暴露了內心深處，不管是最深的恐懼或總是保密的夢想，我們也覺得讓對方知道很安全。這是一種源於眼神接觸的循環，而這種循環能引領我們獲得最充實的連結，這種連結可以讓你徹底了解一個人，同樣的，你也能獲得讓對方徹底了解你的機會。

時至今日，維若妮卡跟我就算身處派對上，在房間裡的兩端，我們還是能對話。從我的眼神裡，她可以看出，我發現了一些好玩的事；我也可以看出，她被某些事拖住無法抽身。之前有次，我們前往參加一場晚宴，他們會把一起出席的伴侶拆開，讓大家能跟不同的對象聊天。我看向維若妮卡，她用一種她特有的方式睜大眼睛，而其中一位賓客正在講一個跟他政治立場有關的冗長故事，我得刻意忍住才能不大笑出聲，因為我完全知道她在想什麼。我看得出來，她已經準備好跳上車直奔回家了。透過雙眼，我們跟彼此分享兩個人之間的笑話跟腦海裡的故事。我們完全了解對方在想什麼，也總是在回家路上，因為這些事而笑語不斷。

過了這麼久，我還是無法把眼神從她身上移開。

第四章

同心便得以致遠

不管你的想法或計畫有多絕妙，如果單打獨鬥，

勢必贏不過一群人齊心協力。

—— 里德·霍夫曼（Reid Hoffman）

長久以來，我一直是史派克．李（Spike Lee）的影迷，我因為《為所應為》（*Do the Right Thing*）這部電影而愛上他的作品，我相當讚嘆這部電影的發想、政治進步的元素以及視覺效果風格，這部電影的原創色調令人震撼。我馬上就知道自己想跟他合作，但直到我們真正一起製作電影時，又過了十七年。

史派克和我首次見面，是在一九九〇年的奧斯卡入圍者午宴上。當時史派克獲得奧斯卡提名，不管是對我或他來說，那都還是我們職涯相對早期的階段。雖然我們都是年輕的電影製作人員，卻都獲提名奧斯卡編劇的獎項——我是因為一九八四年的《美人魚》一片獲提名，他則是以《為所應為》榮獲提名。我向他表達自己有多喜歡他的作品，特別是相當激賞《為所應為》這部片；我們惺惺相惜，也都很有興趣跟對方合作。然而，當時我們無法找到雙方都可以投入的主題；史派克想找一部原創嘻哈電影來做，而我手上沒有適合的故事，因此時間就這樣過去了。

在我與史派克見面後的十年間，我注意到他在好萊塢的作品有時會以團隊不和收場。這種情況對於有天賦又極具創意思維的電影製作者來說並不少見；偉大的藝術家通常不會墨守成規，也會自然而然抵抗電影業逐漸蔓延的同化力量，因此發生衝突。我不喜歡事情以壞結局收尾，所以在我展開職業生涯的早期，就為自己訂立一個規則：每部電影製作都會有四到五個不同團隊（導演、演員、製作人及編劇各自帶領他們所屬的團隊）。如果我根據現實或直覺歸納出，這段合作關係會由於其中一位團隊的領導者而走向壞結局，我就會開始失去跟他們合作的激情。所以我也就自己對史派克的觀察認真考慮。

後來，我開始著手製作他可能有興趣參與的作品，其中一部電影是《美國黑幫》（*American Gangster*）；史派克來跟我開會，他坐在我辦公室的沙發上，開始清晰透徹地跟我解釋他對《美國黑幫》的想法，他的點子就跟我設想的一樣，有見地又精準，然而他的想法跟我對這部電影的展望並不一致。

「我們繼續找找看其他合作機會吧。」我邊說著禮貌性的老套說詞，邊送他出去。

就在電梯抵達時，史派克突然伸手到背後，拿出一本劇本。時至今日，我還是完全想不透，那部劇本到底從哪裡冒出來的。

「布萊恩，」他說：「**這**就是其他機會。這就是我想跟你合作的作品。」

那部劇本就是想像娛樂公司發行的《臥底》（*Inside Man*）。

在我有所回應以前——也正好在電梯門在我們之間關上以前，史派克抓住了我的手。當天第一次，他直接看向我的雙眼。任何認識史派克或曾跟他有過眼神接觸的人都知道，他的凝視蘊含一種獨一無二的特質——耐性、深刻、真誠又通透。「我保證，」他說：「我們的合作關係一定會好好開始，好好結束，這會是你絕佳的經驗。」他怎麼知道該說什麼——我確信，我從來沒跟史派克說過，我在猶疑什麼。我非常確定。

那一刻，我本來已經打算跟對方道別，但我的人生哲理就是擁抱自然發生的一切，因此我也擁抱了**這一刻**帶來的可能性。

實際上，《臥底》本來根本做不了，因為我們早就聘請了另一位導演；但是，前一秒我還覺得不可能發生的事馬上就被推翻了：一眨眼間，我便聘請了史派克擔任導演。

史派克確實執導了《臥底》，且這部電影的確是我職業生涯中數一數二好的經驗，更別提電影火紅的票房了。不管是電影評論還是觀眾都一致好評。

做電影很辛苦，這也是為什麼，我偏好盡可能跟我真正有連結的人合作。我不僅僅尊敬他們的天分，更因為這些人的觀點和出發點都會讓作品更傑出，能夠跟這些人合作，讓我熱血沸騰。

看完HBO的電視影集《罪夜之奔》（*The Night Of*）後，我迫不及待跟主演演員里茲・阿邁德（Riz Ahmed）見面。這部震撼人心的犯罪影集是史提夫・柴里安（Steve Zaillian）和理查・普萊斯（Richard Price）的作品，我曾各自跟他們合作過（史提夫是《美國黑幫》的編劇，理察則是《綁票通緝令》（*Ransom*）的編劇），在這部影集裡，里茲的演出令人移不開目光。他所演出的納瑟・可汗（Nasir Khan）是一位受罪犯執法系統壓迫的美籍穆斯林，我對於他演出角色的轉變又敬又畏。在劇集最初，納瑟的個性有禮又天真，但入獄服刑後，他被迫開始適應監獄生活。劇終時，當初無邪且眼神澄澈的男孩，轉變為神情嚴峻、學會在底層打滾的男人。約翰·特托羅（John Turturro）飾演納瑟的律師，他對陪審團說出的台詞，則是對這一切的完美概括：「我所目睹的是，你們把一個孩子丟到里克斯島（Rikers），然後告訴他：『好啦，在我們審理你根本沒犯的案件時，試著在那裡活下來吧。』」而里茲這位英國籍巴基斯坦裔的男演員，則以他的演出兩度創造歷史紀錄，他是以主演角色獲得艾美獎的首位亞裔演員，也是首位穆斯林演員。

有時我會因為讀到關於某人的事蹟——演員、作家、導演——或看到他們的作品而聯繫他們、合作特定作品。其他時候，則沒有已經決定好的特定作品。我會單純因為對這些藝術家的天賦感到驚艷而安排與他們見面，我希望更了解他們，更深入理解他們的熱情所在。與他們建立連結讓我有機會判斷，我未來想不想與他們合作，在更了解他們的過程中，我也更清楚哪種作品會吸引或適合他們。我與里茲的見面則屬於後面這一種。

你們現在大概猜得出，我這輩子跟各式各樣的人以各種方式溝通，已進行了數千次會面。一部分人很容易了解，另一些人天生就比較難交流；有些人就算你聚精會神、積極接觸且問各種好問題，他們還是緊閉心門；對方可能會用一個字打發你，或表現出一臉沒興趣的樣子。正因如此，我總是會在進行會面（或好奇式談話）前，準備一些關於會談對象的背景資料，以及預先了解他們可能有興趣，或與他們本人有關的知識。

這種準備雖然看起來有點刻意，但如果希望培養關係，這就是必做的功課。在我與可能展開合作的對象見面時，我總是假設他們心裡想著：「**這傢伙能給我什麼？**」「**他能在我們的對話裡貢獻什麼內容？**」「**我們共同的興趣是什麼？**」每個人在跟別人生意往來時，總會掂掂對方的斤兩。如果我對於對方有興趣的領域如數家珍，他們就更可能覺得，某種程度上我能理解他們。那種「**天啊，我知道你的感覺。我懂你！我也這樣覺得！**」的感受，通常就是激起合作慾望的關鍵

——對雙方來說都是如此。

在與里茲見面以前，我的確做了功課。我發現，身為極具天分的演員只是里茲成為巨星的其中一個原因。他更將他的創意及聰明才智用在處理種族歸納、媒體呈現所缺乏的多元樣貌，以及反移民言論的議題上。[11]里茲身為牛津的學生，卻覺得自己在這些富有的白人群體中像個外人；他藉由發起每週一次的「俱樂部之夜」來打入這個上流社交圈，他在這個活動上擔任MC。這每週一次的活動後來成為大學裡最受歡迎的活動之一，更開啟了里茲的音樂生涯。如今對於里茲的音樂迷來說，他是「MC里茲」，也是廣受好評的嘻哈音樂團體Swet Shop Boys的成員，他們用大膽的幽默感及尖銳的諷刺言詞批判社會不公。里茲也致力於代表羅興亞及敘利亞難民孩童發聲，他在二〇一七年獲提名為《時代雜誌》「百大最具影響力人物」之一。

里茲在曼哈頓西邊，選了一家低調的小餐廳跟我碰面。他走進門時，一身獨特的能量和外貌相當突出，我立刻就知道，我們會聊聊關於他個人特質的話題。

開始聊天時，我望著他頗具靈性的雙眼，感受得到他有無盡的能量。他因為這個世界漠不關心為難民做出的保證而滿腔怒火，並提出強烈且具說服力的例子，證明我們該為這些難民挺身而出；他們就跟我們一樣，只是為了活下來並為自己、家人爭取更好的生活。「這是我們每個人的責任。」里茲說道。

在我們根本還沒談到創新作品以前，我就已經覺得自己和里茲產生連結了。我被他真摯的靈魂深深打動，更確信我們一定可以一起創作出深具意義的作品。我們也的確找到可以一起合作的作品。但非常可惜的是，里茲後來因為競爭承諾，必須退出這個計畫。我找不到更好的形容——我心碎了。這不是我第一次合作失敗，也絕非最後一次，但對我來說，這次無法成功合作實在是令人難以接受。里茲搭建了通往真誠人性及無私目標的橋樑，這在好萊塢總是難以實現。我相信輪迴的存在，美善的事物總源自於純粹的動機；我也有預感，我們未來一定會有機會合作。

雖然聽起來有點不可思議，但我在事業上做的最佳決定，幾乎都來自於私人人際連結帶來的機會。如果我信任一個人，既欣賞對方又受他們啟發，不管有沒有實績作為依據，我都願意嘗試，賭上一把，並相信事情會順利成功。

在一九八〇年代早期，艾迪．墨菲（Eddie Murphy）紅透半邊天。他在一九八二年與尼克．諾特（Nick Nolte）演出大螢幕處女作《四十八小時》（*48 Hrs.*）。隔年，他在《你整我，我整你》（*Trading Places*）一片中，與丹．艾克洛德（Dan Aykroyd）演對手戲。再隔一年，他則在轟動一時的《比佛利山超級警探》（*Beverly Hills Cop*）中演出，這部電影在一九八四年創下票房紀錄。我迫不及待想見到艾迪．墨菲。

到了一九八七年，我終於有機會見到他。當年，艾迪正在為他大受歡迎的脫口秀《野馬秀》（*Eddie Murphy Raw*）展開巡迴演出。（就算到了二〇一九年，《野馬秀》的現場錄影仍是首屈一指的脫口秀影片。）艾迪邀請了麥可．基頓（Michael Keaton）上他的秀，麥可則因為跟我一起製作《銷魂大夜班》而熟識，因此他邀請了我。表演結束後，我們到後台去。我記得，我們等艾迪出現等了好久，但等他終於出現時，他用一種風靡全場的方式登場——身上穿著就算放到今天，也很時髦的紫色皮質西裝。他本人也的確值得這樣的漫長等待。艾迪很有存在感也相當迷人，他身上的一切都令人驚嘆，充滿原創性又勇敢。他散發出一股純粹的自信，即便下了舞台還是相當風趣。讓人實在無法不喜歡他。

當時，艾迪仍跟派拉蒙有獨家製作及演出的協議。但我感覺得到，製片方跟艾迪都有意拆夥，艾迪已對整個系統失去信心，也覺得自己無法好好發揮長才。

我在《野馬秀》當晚，親身感受艾迪帶來的活力後，更加期待深入了解關於艾迪身為藝術家，以及一個人的一切了。我打給史奇普．布里坦哈（Skip Brittenham），他是娛樂業最有力的律師，也是艾迪．墨菲的律師（正好也是我的鄰居兼網球球友），我請他安排我跟艾迪見面。

見到像艾迪這樣的好萊塢巨星時，許多人——甚至是大導演及有權勢的高層——都會避免跟他的眼神接觸。但我可不打算犯這種錯。在艾迪對面坐下後，我傾身捕捉他的眼神。我想知道，「**艾迪．墨菲最真實的樣貌是什麼？**」「**他最**

在乎什麼？」他能敏銳察覺虛偽的動機。但從我的眼神、肢體語言及聲調，艾迪能感覺到我別無所圖。他逐漸敞開自我、與我交流，從我在他對面坐下的那一刻起，我們的友誼逐漸萌芽。

在逐漸了解彼此後，我跟艾迪都很清楚，我們有一個共同目標：藉由最棒的故事，打造出最高水準的電影。艾迪精通數種藝術形式——喜劇、音樂及電影，因此他有無盡的好點子，我們會花上數小時討論。有一天，艾迪跟我分享了關於電影的新點子，這後來發展成了《花心大少闖情關》（*Boomerang*）。

在《花心大少闖情關》裡，艾迪扮演馬可斯。他是炙手可熱、驕傲自大的廣告主管，也是花名在外的沙豬大男人。他甚至讓自己的助理送花給九個不同的女人，每束花都附上一張寫著「我只想著你。」的卡片。公司合併後，他有了一個美麗的新老闆——蘿蘋．吉文斯（Robin Givens）飾演的賈桂琳，馬可斯看上了他的新老闆。在馬可斯和賈桂琳有所進展後，馬可斯很快意識到，賈桂林根本是女性版本的他——不做出承諾又心懷不軌。很快地，**他**反而成為辦公室裡，大家的八卦對象，大家都對**他**指指點點地竊笑。人生第一次，他變成被玩弄的那一方。當時這是個很有遠見的點子；在九〇年代早期，電影及電視劇情通常都圍繞著男性「花心大少」的一面，他們在關係中掌握權力，女人則扮演在關係中受傷的角色。然而，現在風水輪流轉了。

我們的演員包括：荷莉・貝瑞（Halle Berry）、克里斯・洛克（Chris Rock）與馬汀。勞倫斯（Martin Lawrence）、厄莎・凱特（Eartha Kitt）、約翰・威瑟史邦（John Witherspoon）以及大衛・格里爾（David Grier），每個人都相當活躍且天分十足。《花心大少闖情關》在當時是一部熱門作品，後來也成了非主流電影的經典之作。在超過二十五年後，大家還是會因為他們最喜歡的電影場景而發笑，也會引用他們最愛的台詞：「我勾引你的時候……如果我決定要勾引你，別擔心，你絕對會知道。」

在製作《花心大少闖情關》多年後，艾迪和我又一起做了另一部喜劇。史提夫・馬汀（Steve Martin）寫了《大製騙家》（*Bowfinger*）的劇本，並以他在巴黎最喜歡的小酒館命名。史提夫創造出動作巨星齊特・拉姆奇（Kit Ramsey）的角色，並計劃讓基努・李維（Keanu Reeves）或強尼・戴普（Johnny Depp）來演這個角色。但我心想，**「該讓艾迪來演！他演齊特這個角色再適合不過！」**我請艾迪看過劇本，他馬上就答應演出這個角色……而且他覺得，如果由他一人分飾兩角，勢必相當有趣，也很有挑戰性。他不僅想演齊特，也想扮演另一個新角色——長相酷似齊特的吉夫（Jiff）。史提夫很喜歡這個點子，所以我們就順勢而為。

迄今，我跟艾迪共合作了五部電影及電視影集，有些是創意之作，有些則是藝術上的新成功，有些則兩者兼具。如果我們兩個人當初沒有產生連結，這一切都不會發生。最成功的創意合作關係——就像任何良好關係一樣——都從真誠、純粹的動機出發，也就是展現出我們真實的一面，不是別有居心，而是對他人保有真正的好奇心及尊重。如果兩個人能以這種方式接近、認識彼此，對於關係中的各方來說，通常都會收穫滿滿。我與艾迪的第一次面對面談話帶來了深刻的互信關係，我認為這段關係帶出我們彼此最好的一面。

現在好萊塢有許多製片商、媒體平台及頻道都創造出演算法和財務模型，希望製作出低風險並具有開創性的熱門作品。由於公司高層試著想出一套完美公式，盡可能以最低的成本迎合觀眾口味，故事與角色的發展可能因此受挫，而整部作品也可能很快失去靈魂。在這樣的體制裡，藝術家們很容易就會崩潰。

對我來說，創造熱門節目最有跡可循的途徑就是建立且培養真實、可信賴的關係。與藝術工作者合作，不管對方是演員、作家、作曲家或其他創作者，我的目標都是從人的角度好好認識他們，理解他們想傳達的內容及動機來源。如果自覺能信任他們，我就會給他們空間、自由及支持，讓他們以誠實的方式從靈魂深處表達自己的感受。這能夠提升藝術家本身的能力，且通常能替觀眾帶來強而有力、激起情緒共鳴的故事內容，這就是任何電影或藝術作品的終極目標。

第五章

相信願景

唯有審視自己的內心，願景才會變清晰。

向外顧盼的人繼續作夢；向內覺察的人甦醒過來。

—— 卡爾．榮格（Carl Jung）

大家總是問我，怎麼做出好電影？幕後**究竟**發生了什麼事？他們真正感興趣的，通常都是有關明星和派對上的那些八卦內容，所以我一直都不太知道該怎麼回答這個問題。事實上，電影通常不像大家想的那麼光鮮亮麗，在所有華美的外表背後，電影的製作過程通常不可思議地複雜且充滿挑戰，藉此才能得到成果。

身為電影及電視製作人，我的工作是將創意發想從概念一路培植成大螢幕上的實際成果。身為製作人，我覺得自己很像每次都篳路藍縷、白手起家的創業家，一切都沒有任何保證，一路上還有無數阻礙，且這個行業又充滿風險。為了每一部新作品，你都必須建立一個可以吸引贊助者、演員及觀眾的組合——這些人都有不同思維、不一樣的顧慮和各種想法，大量的協商過程更不在話下。因為以上種種因素，要我成功完成作品，有兩件事至關重要——我真心相信，明確且引人入勝的願景，以及能與他人建立堅固連結的能力。

製作電影或電視節目的點子可能在任何地點、任何時間出現在腦海裡。有時來自一些個人經驗，有時則是關於全人類的共通主題。我的頭兩部電影——《美人魚》及《銷魂大夜班》——對我來說，都屬於非常個人的作品。在我二十幾歲、單身、試著闖出一片天時，這兩部電影之於我，就像某種治療方式。我徒勞無功地追尋真愛的過程，為我帶來《美人魚》的靈感，這是一部浪漫喜劇，關於一個男人愛上一隻美人魚的故事。《銷魂大夜班》的靈感則來自於我那能得到幾乎任何工作……然後又搞丟那些工作的超能力。當時我在想，「**我所能想到最糟糕的工作體驗，會是怎樣的工作？**」在太平間經營賣淫集團的大夜班工作人員，似乎是個有夠糟糕——且好笑——的答案。

不管這些點子到底是什麼，我都會在一開始問自己一些重要問題：「**這個故事的核心是什麼——一個概念？角色？主題？使命？或深刻的個人熱誠？**」「**我希望這個故事為觀眾激起哪些思緒或感受？**」「**他們會受這個故事的哪些地方吸引？**」但或許最重要的問題其實是：「**這個故事為何而存在？以及對我個人來說，它為什麼重要？**」

《美麗境界》（*A Beautiful Mind*）說的是約翰・納許（John Nash）的故事，

他是一位患有思覺失調症的諾貝爾經濟學獎獲獎者。我製作這部電影，是希望能為精神疾患，或任何心智或身體障礙者去除汙名。對我來說，這是意義非凡的使命。我兒子萊利（Riley）今年三十二歲，他患有自閉症譜系障礙（Autism Spectrum Disorder，ASD）。他念小學時，我曾透過學校外牆看見一群孩子在他去拿飲料時，把他的午餐藏起來。他回到桌邊時相當迷惘且疑惑，而這些孩子就在旁邊嘲笑他。這件事讓我心碎，而我想為我的孩子做些什麼。我下定決心說一個故事，讓人們在面對那些跟我們不一樣的群體時，能抱持同情心和愛心。

在TED Talk的演講擁有最高觀賞次數的作家賽門．西奈克（Simon Sinek）說：「**人們買單的，不是你做了什麼，而是背後的故事；你實踐的行動就是你信念的實證。**」[12] 製作電影或電視節目不是單打獨鬥，而需要製片商、出資者的支持，以及整個身心投入的團隊——編劇、導演、演員、製作人——通力合作。如果我不相信我的願景，或者我無法以引人入勝又具說服力的方式表達願景，我又如何能期待任何人相信這份願景或投入心力呢？我要如何吸引那些最有天分、才華洋溢又有趣的人加入作品的製作行列？

有時候我會遇到的狀況是，劇本或書裡的劇情或角色我很喜歡，但故事要傳達的訊息或目的沒有馬上展現或吸引我。如果是這種情況，我通常會嘗試釐清創作者的動機，或跟創作者本人一起合作修改，直到我真心相信故事傳達的願景為止。若我無法相信這個故事的願景，我就不想做這件作品。因為我知道，我不相信的願景，也不會有其他任何人相信。大家只會像走過場一樣地做出電影，然後成果就會爛到不行。我們一定都看過這種電影。

當然了，找到跟我有同樣願景的人，並說服他們跟我一起合作，還只完成一半而已。如果沒有彼此之間的信任，便無法有效完成任何一件事，更遑論拍出一部成功的電影。我的合作夥伴必須相信，我真心投入且全心相信這部作品。他們必須相信，我會努力不懈地負責我該做的協商討論，我也必須相信，他們同樣努力付出。我們必須能夠面對面聚在一起，看著彼此的雙眼，清楚明白我們在同一條船上奮鬥，願盡一切努力完成手上的電影。能否建立信賴關係，不僅關乎電影作品的成敗，更與你想實現的任何偉大創意息息相關。我的生命中，關於這種信賴關係最強而有力的事例就是《美國黑幫》電影製作的幕後故事。

九〇年代初期，尼克．派勒吉（Nick Pileggi）吸引了我的注意力。尼克的太太是已故的諾拉．艾芙隆（Nora Ephron），他倆都是當地的風雲人物，更準確來說，他們是整個紐約的風雲人物。諾拉原本是炙手可熱的編劇，後來成為導演。尼克則是專擅美國犯罪領域的知名記者。在尼克引起我的注意時，他剛完成與另一位作者共同創作的《四海好傢伙》（*Goodfellas*）劇本，根據他的非虛構書籍著作《黑手黨家庭的生活》（*Wiseguy: Life in a Mafia Family*）改編而成，很快地，他又即將執筆根據他同名著作改編的劇本《賭城風雲》（*Casino*）。

我很欽佩尼克對於二十世紀的犯罪知識如此淵博，也深深著迷於他和這麼多黑手黨老大及組織犯罪人士建立友好關係的能力。不知道為什麼，他身為一個記者，竟可以獲得足夠的信賴，得以進入這個不輕易接納外人的世界。我很自然地開始聯繫他，看他願不願意和我來場好奇式對話。他同意了我的邀約，並提出和我在羅氏餐廳（Rao's）共進晚餐，羅氏餐廳是一家位於哈林區的義大利餐廳，這家餐廳以難進入用餐的聞名，且眾人皆知。

自羅氏餐廳於一八九六年開張以來，一直都在宜人大道和東一一四街轉角屹立不搖。但直到七〇年代，店主法蘭克・佩勒吉諾（Frank Pellegrino）掌舵後，這家餐廳才搖身一變，成為紐約真正的地標。在米米・謝拉頓（Mimi Sheraton）於紐約時報寫下三星評論後，羅氏餐廳開始一位難求，想嚐鮮的顧客人數超過餐廳十張桌子（嚴格來說，是四張桌子、六個卡座）能負荷的來客量。為了應付這種顧客擠破頭前來用餐的狀況，法蘭克想了一個創新的點子——分享用餐時間的系統。他為每名顧客分配固定的晚餐用餐時間——有些是一週一次、有些是一個月一次，每名顧客分配到一張桌子。最初的八十五位常客，能在分配到的那天晚上「擁有」他們的那張桌子——即便提早用完餐，這張桌子也不會翻桌給下一組顧客。這種分配制度為終身制。桌子的「擁有者」過世時，他們的家人通常會繼承這張桌子。因此這家餐廳可說是紐約最難入內用餐的餐廳。就算是席琳・狄翁（Celine Dion）、比爾・柯林頓總統、漢克・阿倫（Hank Aaron），甚至是約翰・高蒂（John Gotti），都得有人引路才能在這家餐廳用餐。

走進羅氏餐廳時，我覺得自己好像走進了《教父》電影的場景。聖誕裝飾燈（顯然整年都掛著）掛在有飾板的牆面上，旁邊還有辛納屈（Sinatra）和法蘭基・維里（Frankie Valli）的照片。餐廳內的燈光通常很明亮，牆邊有台點唱機，另一端則是吧檯——深色橡木板和紅色人造皮革墊的組合，背心尼奇（會叫這個名字是因為，據說他收集了超過一千件背心）在這裡主掌大局。羅氏餐廳並不奢華，它有著像在家裡一樣的復古氛圍，男廁附近有個衣帽架。在這裡，大家好像都彼此認識，也清楚知道每個人在這裡都會吃些什麼。（在這家餐廳，除非你開口要，不然店家不會給你菜單，不過似乎不建議客人開口要菜單。）我毫無頭緒尼克是怎樣的人，也不知道他的長相，不過這地方給人一種似曾相識又私密的感覺，讓人很想跟他建立真摯的連結。我很開心，他選擇了這個地點與我見面。

正好，尼克走了進來，他身穿黑色上衣及夾克。他很高（大約一八〇公分）、禿頭、戴著又大又圓的玳瑁框眼鏡。他身上有種有智慧、安靜且不受人影響的氣質，很吸引我。我馬上就知道，我喜歡這傢伙。

我們坐在卡座裡，不費吹灰之力就開始對話。原來我們對彼此的作品和身處的世界都有強烈興趣；我很渴望與尼克談談他的作品，並更深入認識他透徹了解的犯罪世界。我知道，尼克可以藉由我聆聽及詢問值得深思問題的方式，感受到我的誠懇及興趣。他是個很有反應的聆聽者，會以很有趣的故事來回應我；而我則以自己在好萊塢的經歷回報他。我們都對於那些性格複雜的組織犯罪首領以及他們手下的性格特質深感好奇。

我深受尼克吸引，且很容易就發現，為什麼這些老大願意對尼克敞開心房。即便是在他少數提起聲量、強調故事重點時，都不會讓人覺得受到威脅。他很開放地說著故事，也持續維持眼神接觸。他眼裡的溫暖讓我投入，但他眼裡也不總是只有溫暖；某些時候，他的眼神帶有防衛。想當然爾，這並不奇怪。尼克正在說的，是關於犯罪及黑手黨的故事，所有內容都是機密。我感覺得到，這次見面是某種測試，他想衡量看看他可以多深入、可以跟我聊多少、該不該繼續跟我聊，還是藉故離開就好。憑直覺我可以知道，他有非常明確、堅定的價值觀及界線，而我尊重這點。

四目相接了整晚，從有趣的閒聊到深刻緊繃的談話，我們在交換故事內容的同時也都在探索彼此。我對尼克有種難以言喻的信任感；我可以理解，為何當晚從他走進門的那一刻就能感覺到，餐廳裡的所有人似乎都很愛戴他。

最後，我們終於友好地握手道別，尼克和我都願意與對方保持聯繫，我感覺得出來，這不是那種空洞的「我們再約」的時刻。藉由這頓義大利家庭式晚餐，以及一整瓶義大利葡萄酒，我們創造了與彼此的連結，根據我的經驗，這種連結通常要花上幾年才能建立。我們彼此都很享受整場談話以及與對方做伴。我知道我們一定會再見面；這次碰面後，我跟尼克勢必會每年或過一陣子就約出來喝咖啡。

在羅氏餐廳那頓飯後過了十年，尼克聯繫上我，說有急事。他打給我，告訴我他有個覺得可以拍成電影的故事。他讀了《紐約》雜誌裡馬克・雅各布森（Mark Jacobson）寫的文章——〈大毒梟歸來〉（*The Return of Superfly*）；內容是美國七〇年代，最大也最有權勢的海洛英毒販及幫派分子法蘭克・盧卡斯（Frank Lucas）的故事。

法蘭克在貧窮的北卡羅萊納州鄉下長大，於一九四六年搬到紐約，並在紐約發現了一種可以快速賺錢的方式；他開始搶劫酒吧及珠寶店，一次又一次的犯罪使他變得更大膽且毫無顧忌。很快地他又發現，販毒才是在街頭謀生真正賺錢的生意。對上義大利黑手黨及黑人犯罪集團，讓法蘭克很快累積了名聲。為了破壞這些對手的海洛英生意，他決定直接找上源頭——東南亞的罌粟田。

法蘭克膽大包天地飛往危機重重的湄公河三角洲，當時正值越戰時期，他找到方法穿過叢林，並與略奇・魯比瓦（Luetchi Rubiwat）見面，魯比瓦的外號是「〇〇七」，他是中國毒品交易界的傳奇龍頭老大，控制著金三角地區的所有海洛英，而金三角地區包含了泰國、緬甸及寮國邊境。法蘭克與他談了筆生意，保證直接將海洛英運進美國，不再需要中間人介入。單憑一己之力，法蘭克使海洛英交易成了當今的樣貌，成了美國最大的毒品帝國老大……至少維持了一陣子。最終法蘭克還是被逮到了：遭判四十年的聯邦刑期以及三十年的州刑期[13]。然而幾年後，在他的合作下又有一百多人被逮捕，他也因此獲釋。

讀完法蘭克的故事後，尼克對他很有興趣；他也獲准到監獄探訪法蘭克，並花時間來認識他。「我知道這傢伙販毒，」尼克對我說：「但其中有些迷人之處。我跟他成了朋友，他出獄後，我對法蘭克說：『你活生生就是個故事。』那時他已完全信任我，我也相信他。當下，我們都還沒談成任何生意，但他跟我說，他需要錢付他孩子上天主教學校的學費。共需一萬美元。所以我就開了張一萬美元的支票給他。我老婆諾拉說：『你瘋了嗎?!』」

我馬上就被這件事吸引，立刻找尼克與法蘭克來我洛杉磯的辦公室見面。幾天後，隔著我們會議室裡閃亮的橢圓形長桌，我第一次與美國史上最惡名昭彰的黑幫分子見面。你看得出來他是個大人物，他有著指揮若定的樣子，身上散發的魅力則讓所有關於他的傳奇故事馬上變得值得相信。

不可否認，與冷血無情的毒品大老見面——更別提與對方做生意——這個點子實在有點令人冷汗直流。法蘭克在監獄裡待了不少時日，最近一次是因販運海洛英而待了七年，雖然他未曾因為暴力犯罪入獄，但眼前這男人承認，自己冷血殺過人至少一次，雖然他後來又否認了[14]。不過，我的好奇心實在大過心裡的不安，我想更了解法蘭克的心情難以滿足，所以必須層層深入這些故事，看看到底還有什麼是我不知道的，否則我無法放鬆。**「他是怎樣的人？」「他的故事禁得起面對面陳述嗎？」「這則故事是否能改編成好電影？」「從他的角度來看，他的救贖是什麼？」**

在尼克和法蘭克坐下後，法蘭克直盯著我看。我在他開始講故事時，以有力、敏銳的眼神凝視著他。到了某個時間點，我往前傾、直截了當地問他有沒有殺過人。他雖然沒有確切承認自己殺過人，但他的確針對某些發生過的事件，描述了些許栩栩如生地嚇人的景象，其中包括令人不安的暴力場景。同時，他也告訴我他對家庭的投入，以及對他媽媽深刻且恆久不變的忠誠。

我突然驚覺，法蘭克告訴我的是他的生存故事。這個半文盲的黑人男性，不僅自己學會如何生存，更學到如何在貧窮及暴力之下存活下來。這個故事的主題大過法蘭克人生中的種種特定細節。在最中間的核心，是關於美國夢以及人類足智多謀的故事。我知道我必須做這部電影，毫無疑問，毋須多想，我當下在會議室裡就買下這個故事。

接著，我們得跟法蘭克談定我們的合約條款。法蘭克自然總想拿更多錢，有鑑於他的背景，他可能總想多榨出一點利益，盡可能多拿一些。我盯著他的雙眼直接說：「你知道，我過去做電影的成績很好。相信我，也相信這部電影一定可以完成為你帶來最有利可圖的受益來源。你現在可以拿到選擇權付款，之後則可以拿到購買付款，接著則可以分到績效紅利。」他跟我們簽了合約，而每一筆付款他也都確實拿到。

尼克現在八十五歲，最近他回想起那場決定命運的會面，我們三個都將自身投入眼前的長路並共事。「布萊恩，我從沒懷疑過你，從來沒有。你才是那個真正全心投入這部作品的人。我不知道法蘭克會怎麼做，而你盡了一切力量，帶領我們，盧卡斯會信任我，是因為我對他說：『我們要一起把這個故事做成電影。』」

現在尼克知道，在好萊塢，談成一部電影，並不表示電影一定會做出來，但是因為我們熟識彼此，也幸好，我們在羅氏餐廳建立了初步的連結，他相信我。而我同樣也相信他。我深知尼克的價值觀，如果他相信一個故事，那一定會是個好故事。事實上，這個故事不僅僅很好，還是一個絕妙的故事。然而，當時我還不知道，我即將面對的是我職業生涯中，最難做的一部電影。

有了法蘭克加入後，我的下一步是要找到世界上最棒的編劇。尼克跟我都認為史提夫．柴里安就是我們要找的人，他曾藉由他的作品《辛德勒的名單》（*Schindler's List*）贏得奧斯卡獎，並寫出了其他獲得奧斯卡獎提名的劇作。透過尼克跟史提夫的私交，我連絡上史提夫，並說服他先讀讀看那篇大毒梟的文章。

他沒有馬上同意加入。他花了六個月才真正開始關注這件事，而我又花了另外三年不斷打電話給他、向他解釋這部電影的願景，寄研究資料給他，這才讓他願意投入這件事。然而最後，他終於同意為這部電影寫劇本了。一旦他決定投身這件事，他就是全心全意投入。

為了讓史提夫盡可能寫出最真實、令人醉心的劇本，我認為他跟法蘭克必須認識對方。法蘭克幾乎不相信任何人，但他的確信任尼克；史提夫跟尼克是朋友，所以讓尼克從中當橋樑很合理。我雇用了尼克幾個月，請他幫忙編劇把故事主題環環相扣的部分。後來，法蘭克終於對史提夫的存在感到自在，史提夫也漸漸習慣了法蘭克。法蘭克為史提夫在探索充滿陰影的黑幫地下世界時點亮了一盞明燈，也讓他擁有不可多得的機會，得以洞悉那個世界的權力流動。史提夫藉著尼克推他一把，最終交出了令人驚嘆的劇本；一字一句都妙不可言，他的所有想法都藉由文字得到提升：原創性驚人又精巧複雜，遠遠超過我們的期待。

我已經準備好執導這部片的頂尖導演名單，而我打算從最佳選擇開始：

雷利・史考特（Ridley Scott）。他是《異形》（*Alien*）、《銀翼殺手》（*Blade Runner*）和《神鬼戰士》（*Gladiator*）的導演，因為劇本是史提夫・柴里安寫的，且他們彼此熟識，所以雷利願意讀讀看。但是雷利直接拒絕了我。他說他喜歡電影的時代背景，但他沒辦法拍。接著，我又問了其他幾個導演，但他們都不看好這部電影。我們又繼續精修劇本，過了差不多一年後，我又去找雷利。他再次拒絕我，他還是沒空。因此我終於放棄，決定聘請別的導演。

我遇到的下一個難題是，必須說服史提夫縮減劇本篇幅。他最終完成交出來的劇本總共一百七十頁……比一般劇本的頁數上限整整多出五十頁。任何劇本超過一百二十頁篇幅的電影，都會因為成本太高而做不成。根據史提夫本來寫出的劇本，這部電影的製作費高達一・五億；在二十一世紀初期，那是個天文數字。我們必須縮短劇本篇幅才能降低成本；然而，史提夫堅持劇本應該維持原貌。我只好牙一咬，帶著這份超長劇本到製片廠去，製片廠嚴詞拒絕了我：「不可能。」

走到這一步，要做完這部電影變得極度困難。可是，我一旦對某個作品立定目標，就會全心投入。不管我的願景遇到什麼挑戰，包括：時間、金錢、規模或實用性，我都必須克服一切並走到最後。這也就表示，我必須為這部我深深喜愛的劇本，以及這部我很在乎也深信不疑的電影控制預算，直到製片商願意放行。在我盡了一切可能後，我想，最後一步就是得開除現代電影史上最棒也最有成就的編劇。我告訴史提夫，我得讓他走人。不出所料，史提夫對我很生氣，而我覺得自己親手剪斷了生命線。

後來，我找到另一名寫手，泰瑞·喬治（Terry George），他也有執導電影的能力。他說他可以將劇本縮減到一一〇頁，也實際完成了。這時，隸屬於GE集團（General Electric）的環球影業（Universal Pictures）終於同意製作這部電影。他們同意以八千萬美元的預算製作，預算大約是上個版本的一半多一點。然而，為了符合這筆較低預算，我們必須放棄在東南亞拍攝電影場景，但對我來說，這點不可妥協。

法蘭克前往湄公河三角洲的這趟旅程至關重要。他無畏無懼，在全然未知的土地上涉身危險處境，這是他意志、韌性、機智及不擇手段的關鍵證明。這趟旅程對於電影的主題及故事的真實性來說都是必要元素。少了法蘭克生命裡的這段關鍵場景，我沒辦法看著尼克・派勒吉的雙眼對他說：「我覺得這樣拍會很棒。」尼克因為我們共同的願景而相信我，我不願破壞這份信任。所以，儘管這個決定令人難以理解，我還是決定，我們得重頭來過。我跟製片廠說，如果不在亞洲拍攝，我就沒辦法做這部電影。

我必須找史提夫回來，他理解我們的願景，且他的作品無人能敵。我花費許多心力道歉，也懇求他，特別是因為，製片廠當初拒絕通過我們需要的預算，然而，最終他對這部作品的觀點還是勝出了。我得與他重新建立信任，然後設法攜手實現一切。

差不多同一時間，我聘請了安東尼・法奎（Antoine Fuqua），他是頗具自我風格的商業導演，才剛執導了為丹佐・華盛頓（Denzel Washington）贏得奧斯卡獎的《震撼教育》（*Training Day*）。在我的設想裡，丹佐飾演複雜且面向廣的法蘭克．盧卡斯是不二人選。丹佐對這個機會有興趣，而且因為他信任安東尼和我（我們在他剛開始嶄露頭角，還沒成為大明星時就見過面了），他願意接下這個角色。但有一個附帶條件，丹佐是很有道德感的人，他說我們必須在戲裡讓法蘭克入獄，他才願意加入。他認為，必須讓觀眾看到，法蘭克為他的暴力及犯罪付出代價。監獄正好也是法蘭克找到救贖的所在；他與當局合作，協助紐約市警察局展開史上最大的打擊貪腐行動。

《美國黑幫》是一部雙主角的電影，李奇．羅勃茲（Richie Roberts）是一位相當自律也有決心的檢察官，最終讓法蘭克．盧卡斯被繩之以法；然而很諷刺的是，在他開始私人執業後，他受雇為盧卡斯的辯護律師。也正因如此，他們成為好友。我必須找到和丹佐一樣才華洋溢的演員來飾演李奇這個角色。我找上了班尼西歐．狄奧．托羅（Benicio del Toro）來扮演李奇。以外表來說，班尼西歐不會是首選（他是波多黎各人，而李奇是紐約猶太人），但他是一位如此生氣勃勃又演技滿分的演員，我認為他是突破框架的正確選擇。

眼下，我正在跟史提夫、安東尼及兩位大明星一起打造這部電影。一切似乎都水到渠成。然而，就在預計開拍的前四週，製片商突然開除了安東尼。由於在前期製作上，包括符合時代的戲服及道具，已花費了三千五百萬美元，環球影業覺得安東尼恣意花費預算。他們不希望真正開拍後，成本不斷攀升，所以決定中止這部電影的製作，並吸收已產生的損失。我在極度震驚之餘直接前往製片廠，對方很有禮貌地對我說：「布萊恩，我們很喜歡你，但別再跟我們提到『美國』或『黑幫』這兩個字了。」

當天晚上，被迫中止製作電影的痛苦不斷向我襲來，我深愛這部電影的一切——時代背景、音樂、法蘭克的足智多謀、克服一切困難都要存活下來並傳承的共通主題。它同時是黑幫電影也是關於美國夢的電影，這點也令我醉心。我難以接受這部電影可能無法完成的現實。然而隔天早上，我在沖澡時對自己說：

「我已深受這部電影影響，我相信這部電影。史提夫和尼克都相信這部電影，而

且他們也仰賴我克服一切完成它。今天，我就要讓《美國黑幫》重新開始。不管製片廠怎麼說，我要自己找到需要的人，然後說服他們加入。」我完全沒有頭緒該怎麼做，但我相信我做得到。二十年前，我就有足夠的毅力完成一部幾乎不可能完成的美人魚電影——《美人魚》。我不會如此輕易放棄這部電影。

三週後，我參加了一場好萊塢的派對，剛好雷利·史考特也在。我從房間的另一端看到他後，就直接走向他。這次我停了一下，深呼吸，讓我的雙眼直直聚焦在他眼裡。「雷利，我知道你之前已多次拒絕執導《美國黑幫》，但是你願不願意再讀一次劇本？拜託了。」出乎我意料之外，他答應了。他看著我的眼神讓我覺得，這次的結果或許不一樣。我心裡充滿希望，並開始不斷想著這件事。我滿腦子裡都是關於這部電影的事。「**雷利什麼時候打來？**」

雷利在一週內就打來了。他說：「好，我做，我願意做這部電影。你覺得你朋友丹佐還願意回來嗎？」

我說：「百分之百願意。」事實上我並不知道，但我必須這樣回答他——我也必須相信丹佐願意回來。一切都準備就緒。我立刻與丹佐見面，他很敬仰雷利的作品，也跟他已故的哥哥東尼．史考特（Tony Scott）有過絕佳的合作經驗；最重要的是，他仍舊相信這部電影的願景。

丹佐回到我們的團隊，因為班尼西歐已經接了另一部電影，我得找到另一位能飾演李奇．羅勃茲的演員。還有誰有像他那樣的創造力呢？在跟羅素．克洛（Russell Crowe）一起做《美麗境界》時，我們建立了惺惺相惜的關係。我知道由他扮演李奇一定很棒。但要如何說服他，又是另一回事了，《美國黑幫》裡的李奇．羅勃茲這個角色，不像在《美麗境界》或《神鬼戰士》扮演主角那麼醒目。

羅素和我見面討論角色，因為他已經讀過劇本。他認真地看著我說：「這個角色還沒發展完成，還沒成形。」我對這番話並不驚訝，羅素不僅機智、學識淵博，也相當聰明。我也知道，他都會意識到自己該促使電影拍得更好。我回望著他，以說服的語氣告訴他：「我們會做到的。我會投入一切心力做到。相信我——我會用盡所有時間、精力還有任何資源，為你完成這個角色，並實現承諾。」

我跟羅素分享了我對這個故事的願景及信心，也告訴他，史提夫．柴里安將跟他一起重寫對話，並打造一個他能真正有信心的角色。我請羅素冒著極大的風險，在他還沒完全接受角色之前，就請他加入這部電影。然而他也接受了，這是他信任我的最佳實證；這份信任則是從我們第一次合作就開始逐步建立了。現在我們有了業界最受景仰的兩位演員——丹佐和羅素加入，並擔任男主角。

就在我認為，我們真的準備好開拍時，又遇到了另一個阻礙。製片廠有一個綠燈委員會（green-light committee），負責判斷是否通過電影拍攝的預算，而這次會拍板定案，沒得商量。他們為重新來過的《美國黑幫》通過的預算是一．一二億美元——但雷利．史考特堅持，必須花到一．二億美元。我們已經走到這一步，我不會讓這一點點預算的差異搞砸這部電影。

我邀請雷利到我的辦公室，這位強壯、無畏、堅定的導演（他被稱為「將軍」是有原因的）在L型沙發坐下，我沒有像以往一樣，坐在他斜對角的沙發上，而是坐在他前方的咖啡桌上與他面對面。我們的膝蓋互碰時，我看著他說：「雷利，請聽我說。製片廠的綠燈委員會只允許我們以一．一二億美元的預算開拍。」這次我終於說服他並讓他同意。我們終於要開拍了！

（不過好笑的是，電影最後還是花了一．二億美元。在同意原先一．一二億美元的預算後，雷利後來又讓製片廠選擇，要不要拍攝額外的鏡頭。他們希望電影裡有那些鏡頭，因此同意了更高的預算。這件事最後到底怎麼殊途同歸的，說來實在好笑。）

因為我們在曼哈頓拍攝，我決定舉家搬到紐約一年，並面臨新的學校、新的一切。我製作過大約一百部電影，可能還超過這個數字，但我未曾為了一部電影這麼做過。我知道，如果我**不**這麼做，或許可以將電影製作控制得更好，但這個作品集結了五位對我來說至關重要的人，尼克、史提夫、雷利、丹佐和羅素——我想向這個團隊致敬。待在紐約對我來說就是最好的提醒，提醒我們為了《美國黑幫》付出了多少。

在好萊塢做這部電影，就像在大霧中開賽斯納（Cessna）小飛機。你通常看不見自己到底身在何處，但你必須繼續前進，才有機會安全著陸。身為一個製作人，遠遠跟藝術或科學沾不上邊。當初有成千上萬的原因可能讓《美國黑幫》永遠不見天日，但它還是完成了。而且這部電影還獲得許多提名及獎項，更成為史上最賣座的黑幫電影之一。

我堅信，《美國黑幫》得已拍成的原因來自於人際連結。要不是當初，我在羅氏餐廳與我如今的長年老友尼克．派勒吉共進一次不受會談框架限制的晚餐，我也不可能與法蘭克．盧卡斯碰面。要不是法蘭克有跟尼克建立信賴關係，他也不可能信任我或史提夫，告訴我們他的故事。我也確信，要不是我和雷利之前互相建立起來的善意，以及他對史提夫身為編劇的信任感，我也無法請到雷利執導。要不是丹佐相信我和安東尼，他也不會受這部作品吸引。正如以上種種，藉著對彼此的信任以及對我們共享願景的堅定信仰，我們克服了一路上的種種困難，然後實現了《美國黑幫》。

在某種層面上，沒有什麼事比得上電影製作。但從另一方面來看，我又覺得它跟所有其他大事業沒什麼兩樣。如果學校校長想推行新的學生幹部制度，他必須讓學生與老師都相信他的願景，因為這兩者的合作至關重要。一個新推出APP的產品經理，必須能有熱誠且具說服力地表達他對產品的願景，接著跟開發商、財務、行銷人員跨域合作，實現成果。餐廳老闆則必須徹底了解自己想訴說的故事後，才有辦法執行新的概念。

不管你在哪一行，將想法轉化為實際成果，通常都需要團隊合作。團隊裡的所有人都相信願景並信任彼此時，才有辦法做出最佳的呈現。

第六章

你的雙眼怎麼說？

對於你為自己創造的能量，你有責任；
對於你帶給別人的能量，你也有責任。

—— 歐普拉（Oprah Winfrey）

階級制度至今仍安然存在於好萊塢。在電視節目的生態圈裡，節目的創作者、執行製作或節目統籌（實質上就是主編劇）就是最有權力也最有價值的人。對電影來說，創意製作人或製作人，負責將點子化為現實，他們擁有最高的決定權。在這兩個圈子的生態裡，你都必須從食物鏈的最底層做起——也就是收發室；在片場發咖啡給大家，或像我當初一樣，到處遞送文件請人簽名。即便你有寫作的驚世才能，通常也很難直接打進這個圈子。你必須一步步地努力工作，願意花時間。一般來說，想讓自己做出名氣，必須要有足夠的耐性、韌性、運氣，也必須搞清楚誰才是老大。

儘管這種僵化的權力結構存在，有些人似乎還是有辦法一蹴而就，讓自己在好萊塢發光。在會議室裡，他們不是製作人、導演或高層主管，但他們就是有辦法讓其他人把他們說的話當一回事。有些人說，這是他們自我人格的功勞，但我認為，眼神接觸才是關鍵。過度展現自我很容易被人解讀為傲慢或虛偽，這會讓人遠離你。反之，正確的眼神接觸會吸引人接近你，也是吸引力的有力來源。眼神接觸對於確認存在、投射自信、展現自身人格及與他人產生連結來說都不可或缺——以我的觀察來說，這些都是讓一個人與眾不同並值得我關注的特質。

茱莉・歐（Julie Oh）是我們電影小組裡才華洋溢的年輕執行製作（電影小組是我們在想像娛樂公司創造的一種新架構，希望能抵抗根深蒂固的階級制度，並鼓勵更多創新精神），她在提案新點子時，完全展現出了這些特質。她的提案總是充滿熱誠且準備齊全。她帶著自信、毫無猶豫的眼神，闡述她對一部作品的期許，在對話過程中，她的眼神一直停留在我身上，因此她可以知道，她有沒有打動我。如果我有點疑慮，或看起來困惑或沒被說服，她就會停下來，問我有沒有任何疑問或建議。我們在遇到像茱莉這樣有自信（或看起來有自信）的人時，很自然地就會受到他們的能量吸引，會想聽聽看他們要說什麼。

我遇過許多身處高位或權力核心的人，都很明顯地熟練於眼神接觸的技巧，所以我確信，眼神接觸幫助他們達到了這種位階。領導能力並不全然只是力量、職位或狀態。身為一個好的領導者，必定會先從雙眼開始看人。畢竟如果你無法跟他人產生連結，就無法說服他人相信你的願景。如果你無法說服他人相信你，他們就不會跟隨你。如果無人跟隨，你就無法成為一位領導者。眼神接觸極其重要。

二〇〇五年，我前往白宮首映《最後一擊》（*Cinderella Man*）。雖然我去過白宮，但這卻是我與喬治·沃克·布希總統的首次見面。我覺得毫無頭緒。他看起來總是很討人喜歡，隨和、擁有德州人的感性和風格，但我不知道，當這種種特質結合在一個人身上時，會是什麼模樣。他會很友善，或者義務性地維持禮貌？我跟他的對話會僅僅維持在公式性的會談，就像跟其他我見過或知道的政治人物一樣的那種對話嗎？

我至今遇過的總統都令我印象深刻。舉例來說，比爾·柯林頓本人真的就如傳言一樣極具魅力。他有種能力，就算在一群人裡，他也能讓你覺得自己與眾不同。我在與他見面時深感吃驚，因為他擁有那種——彷彿只關注我一個人的純粹專注。他會直接看著你，用雙眼凝視你，讓你覺得他所有的關心都在你身上，而且也只在你身上。那就像是被催眠的感覺。就算你想抗拒也毫無機會。

我第一次與巴拉克・歐巴馬碰面，是在他華盛頓特區的辦公室，我在同一天與喬治・沃克・布希見面，他們兩人截然不同。**當時，歐巴馬是美國伊利諾州的菜鳥參議員，離他後來的成就還很遙遠。在參議院排位第九十九，且身為少數黨的一員，他的辦公室是最小的一間，距離參議院樓層的距離也最遠。然而即便如此，你還是能從他的眼裡感受到能量、目標及強韌。**即使他的辦公室是我見過最擠的一間——裡面則擠滿他的選民，人都擠到走廊上了，大家手上拿著公文袋，或一袋袋的雜貨。歐巴馬似乎還是關注著我們當下的談話，以一種似乎全然放鬆，但又不盡然的方式全然投入與我的交流。我可以感受到一種他正在思量的稜角，他不是在算計什麼——不是在打量我、掂我的斤兩——而是一種輕微、微妙的謹慎，或許這是他身為政治人物的自然反應。

那天我人在白宮，準備會晤喬治・沃克・布希。我們握手時，他眼裡的溫暖及歡迎之意震懾了我。他的眼神一直與我同在，一點也不急著轉開。他是美國總統，這表示他一定極度忙碌，然而他的眼神卻讓我知道，他完全沉浸在這一刻，耐心等待，聽聽我想說什麼。他表現出覺得耳目一新且毫無矯飾的樣子。他沒有打算探我底細或掂量我的重要性；沒有想釣出什麼資訊或試著按公式化的議程來。他就只是……跟我待在一起，用一種完全真誠的方式與我待在一起。

因為他深愛德州，我們聊了我在德州奧德薩（Odessa）拍攝的《勝利之光》（*Night Lights*）。我跟他分享我在當地學到的文化，他也告訴我在那裡長大的經歷。我們聊天時，布希挪動身體，好跟我肩並肩站在一起。每當我調整我的姿勢與他面對面時，他就會馬上調整位置，再度站到我旁邊。接著，他會輕輕靠著我，彷彿在說：「布萊恩，沒事，一切都很好。」他這麼做，不是為了避免看著我——反之，他會轉過頭來，好維持與我的眼神接觸。他給我一種感覺，即便他身處總統高位，依然選擇與他人肩並肩站著，這是他與他人更加平等地產生連結的方法。

雖然我們可能認為眼神接觸是一種大家都能學會的規範或是好習慣，但不是每個人都用一樣的方式藉眼神溝通。我們每個人都有自己獨特的風格，也正是這種獨一無二的特性成就了自我，就像是你我的指紋一樣，是用以辨識個人身份、難以抹滅的記號。柯林頓、歐巴馬及喬治・沃克・布希都是自由世界的領導人，他們也都有自己進行眼神接觸的方式。在各種情況下，他們用什麼眼神看你，就傳達了訊息告訴你他們是誰，或是他們在以個人身分存在以及與他人建立關係時想要成為哪種人。

在他人看著你的雙眼時，他們幾乎立即就決定自己想不想聽你說話，是否足夠信任你做為他們的領導者，或想不想更深入了解你。所以你的眼神傳達了什麼訊息這點，值得思考看看。你雙眼傳達的訊息，就是你的本意嗎？如果你其實溫暖又熱情，你的眼神有這樣述說嗎？是否因為你眼神傳達的訊息跟你的本意不符，他人要花更多時間才能了解真正的你？如果你不太確定自己的雙眼到底傳達了怎樣的感覺，問問你的家人或好友，請他們告訴你他們的感受。接著，開始練習並調整自己的眼神，直到你雙眼傳達的訊息可以好好反映出真實的你，傳達出你想變成的那個人，並表現出你想立身於這個世界的方式為止。

我們曾經很努力為我的電視劇集《嘻哈世家》（*Empire*）選角——這齣劇集充滿高潮迭起的劇情、衝突、閃亮亮的一切以及讓人琅琅上口的音樂。我們在尋找「庫琪」（Cookie）。庫琪．里昂（Cookie Lyon）是本劇主角路西斯．里昂（Lucious Lyon）心直口快的太太，路西斯過去是個毒販，後來成為嘻哈界大老。《嘻哈世家》的故事線如下：在自我犧牲為先生入獄服刑十七年後，庫琪獲釋了。她要奪回他們價值數百萬美元唱片帝國的一半——路西斯在她入獄時，利用她被定罪前，販毒賺來的四十萬美元，打造的帝國。沒有什麼能阻擋她。同時，他們的三個兒子正在爭奪公司掌權者的位置，因此他們掀起了爭搶「帝國」控制權的戰爭（試想威廉．沙士比亞的《李爾王》放在嘻哈世界裡的樣子）。

身為母親，庫琪是個複雜的角色，她打破身為一個曾被定罪黑人女性的刻板印象。她是個不擇手段的騙徒，但她騙得很有風格，有自己的信仰、人性，且有時候會嶄露深刻的憐憫之心。她身上集結了強大、智慧以及愛的力量；她充滿魅力，勇猛但也帶有缺陷。在為這個角色選角時，我們尋找的是能表現出上述所有特質的人。我們希望找到力量及地位足以挑戰路西斯的人，但這個人又同時擁有聰明、大膽的女性特質，有別於觀眾過去習慣看到的角色。泰拉姬・漢森（Taraji Henson）的試鏡不過開始幾分鐘，我們便知道她**就是**庫琪。我們馬上就把這角色給了她。

但我當時並未親眼見過泰拉姬。雖然沒有馬上跟她見面，但也沒間隔太久。我先看了一些第一天開拍的鏡頭——試播集裡未剪接過的畫面。然而，僅僅從這些畫面，我就能看出她展現出來的真實及潛力。她又大又熱烈的黑眼睛，在前一分鐘因為力量與張力而熊熊燃燒，接著又轉為溫柔、關愛的眼神。庫琪永遠都在行動，製造某種戲劇性或狀況，從一個令人震驚的場景跳到另一個完全放鬆的狀態。她身上的能量有種爆炸性，能讓觀眾完全著迷。她「口無遮攔」，想說什麼就說什麼，完全不留給人誤解的餘地。在試播集裡，庫琪出獄時穿著奪目的豹紋連身裙，趾高氣昂地走進帝國唱片公司的辦公室。她宣告：「我是來拿回我應得的。」她毋需向他人證明自己的價值，她要身邊每個人都尊重她。在她招搖走進房間裡時，你可以馬上**感受**到她的存在。如果你看過《嘻哈世家》，你一定知道我的意思。泰拉姬用一種無人能及的方式在表現庫琪。

披掛著華美皮草及一身的態度，泰拉姬將庫琪帶進真實世界，比原本編劇筆下的角色更加令人矚目。掙脫了劇集本身的框架，她也在社交媒體上炙手可熱，在雜誌封面、部落格以及脫口秀上現身。她成為女性熱愛的對象。她大鳴大放、精明有智慧又幽默、極度直率、不隨便道歉——更是個女性主義者。你說，你怎麼能不愛她？《Vibe》雜誌這樣形容她：「勇猛、關愛且充滿力量。她的衣櫥裡裝滿皮草、動物紋、金色及亮片。首映不過一集，所有女性都開始想知道，要怎麼看起來像庫琪一樣。[15]」庫琪這個角色滲入了文化。

在劇集首播後幾個月，泰拉姬和我終於找到時間聚聚。我很興奮能見到她，也很好奇她本人到底是怎樣的人。螢幕下的風格和個性與螢幕上的表現如此相似，這樣的演員並不多見；而泰拉姬就是例外。在她走進來的那一刻我立刻就知道，她在真實世界裡的存在感就跟她在戲裡一樣巨大；甚至還更令人難以忽視。她散發出一種令人注目的氣場，能立刻吸引你的注意。

「我是布萊恩。」我想，我是這麼說的。說老實話，我不太記得自己說了什麼。她眼裡有種清楚明白的無畏氣息，差點令我失去平常的冷靜。我很快用一種方式讓自己重整態勢；我有幾個小技巧。在這種情況下，我會想像有橡皮筋在彈自己的手腕皮膚。這種視覺化的方式能立刻把我拉回到當下（我在面會掌權的政治人物或國家元首時也會用這種方法）。這讓我重新找回立足點，並讓談話繼續。

泰拉姬銳利機敏、有創意又善於交際，同時說話直率；就像庫琪一樣，她從不吝於直接告訴你她的想法。我認為她是個不輕易動搖的人。而且我發現她相當聰明；她對玩笑相當敏銳，而且很風趣。我們當天就建立了真正的連結，從那天起，我們的連結就逐漸發展到如今的良好關係，我們互相信任、相互尊重。

第七章

共通性

每個說故事的人都這麼做：我們以想像力重建秩序；

我們一次又一次灌輸希望。

—— 華特．迪士尼

「跟我說個故事！」在我們的人生中，一定都說過，或從我們的孩子口中聽過這句話。故事就跟穴居人的石壁畫一樣古老，也跟《黑豹》（*Black Panther*）及《星際大戰》電影一樣現代，利用最先進的電腦成像技術（CGI）創造新的世界。故事為生命拓展了無限的趣味性。透過故事，我們可以假扮成其他身分，或逃到遙遠的彼方。我們甚至可以做到本來不可能完成的事，例如：與美人魚墜入愛河或展開時空旅行。故事包含了能打開我們心房、開拓我們心胸的教訓；故事讓信仰、科學到愛的一切都變合理[16]。我們從故事裡找到意義。

身為人類，我們都會社交，我們擁有之建立連結的最強大工具之一，就是一個好故事。故事不僅給予我們跟他人互動、交流的理由，更表現出我們對自己、他人，以及他人處世經驗的看法。不管在街上遇到朋友或一起共進晚餐時，我們隨時隨地都在分享自己的故事。我們會記得這些故事，而且正是這些故事將我們連結在一起。在有人告訴我，他們因為我在我電影或我第一本書《好奇心》傳達的故事有所共鳴，讓他們覺得受肯定或不再孤單時，我深深感到充實。

當然了，從另一面來看，故事很主觀；可以用許多方式講同一個故事，而這世界上也有無限的故事。不是每個人都會被同一個故事感動，也不是所有人都能對每個故事有共鳴。這就是電影產業、電視產業以及其他靠故事賺錢的產業最巨大的挑戰之一——因為由企業融資的媒體內容（也就是電視、電影、影片、音樂以及其他針對消費者的產品），就跟大部分的公司一樣，都要規避風險。

這種衝突帶來的矛盾結果就是，這些由故事推動的產業，正是說故事的人最難以藉由原創、創新願景打入的產業。這也就帶出了我的觀點：如果你想在好萊塢藉著說故事生存下去，你**必須**學會提案的藝術。這門藝術與創造連結息息相關。如果我未曾成功提案，我的故事或節目不可能獲得展現在世人眼前的機會。

故事會議或提案會議是所有寫作者都需面對的儀式，從身價鍍金的編劇到名不見經傳的散文作家，遲早都得經歷。這個會議是這麼進行的：你想到電影或電視節目的點子，接著將這個點子提案給不同的製片商或潛在買家，以獲得資助或發行。這是個殘酷的環境。製片商有時一天就要聽三十到四十個提案，然而最多只選出一或兩個。我非常熟悉這整個過程。甚至到了今天，我還是持續提案我相信的故事。在我的成功背後，多年來已經忍受了無數次拒絕。

在我想製作《美人魚》時，便立刻遭到拒絕了，接著是第二次拒絕，從那之後，我實在被拒絕太多次，所以已經停止計算次數。**沒人**想要一部美人魚電影。實際上，我真的黯然走出上百場會議，那些高層不僅拒絕，似乎還想指出我的提案有多蠢，並藉此羞辱我。我提案《美人魚》失敗了整整七年（對，就是七年）。我的行為彷彿在展現「瘋狂」的定義，基本上我都用同一種方法提案——這是一部美人魚電影——然後期待會出現不一樣的結果。

結果有一天，我跟朋友的對話改變了一切。他問我，怎麼會想到這個故事，美人魚跟一個來自長島（Long Island），平凡、努力工作的傢伙陷入愛情。我告訴他，《美人魚》的靈感來自我自己在洛杉磯尋找真愛的個人經驗，在這裡，一切似乎都很膚淺——包括戀愛關係也是。於是，我開始幻想我夢想中的女孩會是什麼模樣……「**如果她和善又大方？她會怎麼看我？那會是什麼感覺？**」接著我開始想像，我們會如何遇到對方，又是什麼讓我們的愛情無法實現。（給她一副美人魚尾巴，似乎就是個夠大的阻礙了。）

在我一邊說話時，突然停止繼續敘述。剎那間，我終於明白在一次次的提案裡，我到底做錯了什麼——我試著向製片商的高層兜售一個故事。然而，故事就跟我前面所說的一樣，很主觀。任何人都可以用任何理由辯駁任何故事；要駁倒共通性的主題、反對幾乎所有人都能有共鳴的經驗或感受則困難得多。我的內心清楚明白，我必須重新包裝《美人魚》。

接著，我要跟迪士尼提案。我走進去後，使用跟過去截然不同的方式提案，我的開頭不再是敘述這個故事是關於一個男人跟美人魚談戀愛，而是以尋找真愛這個共通性的主題切入。每個人應該或多或少都有感受過，找到真愛比遇到美人魚還困難吧？在會議室裡的任何高層，有人敢堅稱愛不重要嗎？我說話的同時，抱持著藉由個人經驗帶來的信念，會議室裡的所有人某種程度上，都會對我的個人經驗感同身受。製片商終於買下了《美人魚》。觀眾很愛這部電影，我也因為這部電影，首次獲得共同寫作及劇本的奧斯卡獎項提名。

現在，我在提案電影或電視作品時，一定都會以不容爭辯、宇宙共通的主題、對人類不可或缺的體驗來起頭。我的主角會擁有身為人類都渴望及支持的目標——像是愛情、家庭團聚、自尊以及克服一切生存下去。以下是一些例子。

《世紀天才》（*Genius*）是國家地理頻道的劇情式紀錄片影集（scripted docudrama series），將世界上最有名的思想家及創新者的故事拍攝為影集。節目第一季聚焦在艾伯特・愛因斯坦（Albert Einstein）身上。表面上，我們在說一個特定人物的故事——一名桀傲不遜的年輕人、普通的學生、沒有工作的父親，但卻解開了原子及宇宙的祕密。但這個節目的提案是從故事核心的主題開始：自我認識過程中的掙扎，以及挑戰既有思維的勇氣。

如我前面章節所提到，《美麗境界》是在敘述約翰・納許的故事，他是一個患有思覺失調症的天才，曾榮獲諾貝爾獎。如果納許沒有獲得他太太的愛拯救，他早已被自己的疾病摧毀。然而，提案的角度如下：《美麗境界》是關於那些被認為與他人不同的族群的故事；關於更有同理心地看待世界，並找到共同人性光輝的故事。

《為人父母》（*Parenthood*）是一系列電視影集，講述同一個家庭，三個世代的故事。布雷佛曼（Braverman）一家——住在加州柏克萊，故事裡家庭的複雜度及特性可見於所有的家庭。我們都會看著別人的家庭，覺得他們的生活很完美，但我們最終會發覺，事實並非如此。同樣地，《發展受阻》（*Arrested Development*）講述的是不正常的布勒斯（Bluth）一家的故事，同樣是在發揚家庭成員之間的愛。不管這些角色多麼不完美，我們還是想看到他們團聚！為什麼呢？因為這讓我們覺得快樂且安全。

我很確定這種提案方式——尋找故事中共同的人類特質，並以此為開場——很大一部分仰賴我在這個高度競爭、高風險，且通常很提防跳脫框架思維的行業裡能「出售」點子的能力。共通性的主題能增加觀眾與故事產生連結及共鳴的機會；因此，這就是加強觀眾情緒狀態，創造卓越作品的核心要素。這就是那些傑出電影的關鍵，而當這種現象發生時，自然也降低了投資者的風險。

提案時，為對方提供他們可以感同身受且相信的主題，對方會覺得和故事更有連結。然而，對方與你本人的連結也至關重要。畢竟你是正在提案的人。多年來我一直在做這件事，而我學到的是，在抵達提案空間的那一刻，你就要全心投入並進入狀態。與其一邊在腦海裡背誦開場白或滑手機，不如敞開心胸、帶著渴望與他人建立關係的心情走進去。

大部分的會議一開始會有幾分鐘寒暄，但我們都遇過那種尷尬的情況，這幾分鐘彷彿永遠不會停下來一樣。主持這個會議的人，不知該在何時轉移話題，也不知道如何開口，你也會發現，其他人開始變得不耐煩。試著在大家開始不耐煩前搶先一步，且別害怕主導談話。不要浪費任何時間。事實上，我總會開口詢問，以輕鬆自在的方式詢問跟我開會的人，他們大概什麼時候得離開。

在你開始說話以前，用眼神先開始提案；抓住對方的視線，確認你的提案有好好傳達給要提案的對象。如果你不僅僅要對一個人提案（通常都是這樣），要輪流看每一個人。如果你只關注這群人裡最資深的那一位，其他人就很容易失去跟你的交流。而且，負責人通常會在你離開後詢問其他人的意見，我強烈建議，提案時要讓所有人都覺得投入。

我們一定都有過這種糟糕的經驗，跟你談話的人躲避眼神接觸，一直低頭看手機，或似乎在看別的地方。如果你有在提案時細心觀察聽眾，你就能及早發現對方分神的訊號，並得以及時拉回他們的注意力。或許你得縮短故事長度，聚焦重點，或藉由一個簡短、個人的事例打破僵局——「例如，昨天我在跟我女兒聊天時，她說她跟她朋友也發生了類似的事……」

要注意，不同的人在不同時機點，對你提案的反應也不會相同。他們的眼神、肢體語言（點頭、微笑、大笑）以及他們說的話（「沒錯就是這樣！」）會告訴你，這次提案是否吸引人，以及誰對你的提案有興趣。更重要的是，這些訊息能讓你知道，你說的話在什麼時候觸碰到了他們的內心，也進入他們的腦海。

我提案時會解讀我的觀眾，努力建立興奮感和氣勢。當我發現每個人都「有感覺」時，我就會盡早下結語。我希望總能替人們留下「還想要更多」的感受。我也不會試著逼迫對方當下決定或談起預算，除非對方主動提起這個話題。如果我早就有其他買主對我的節目或電影感興趣，我只會簡單說：「請儘早讓我知道你們的想法。」然後便離開。

最近，我正在跟我的朋友麥爾坎·葛拉威爾（Malcolm Gladwell）緊鑼密鼓地合作，製作根據他的暢銷著作《異數》（*Outliers*）改編的電視劇集。這本書追求的是以下這個問題的答案：是什麼讓高成就人士脫穎而出？「最聰明的人不一定成功，」葛拉威爾如此寫道：「**成功也不僅是我們所做的決定及努力的總和，而是一份禮物。異數是那些獲得機會的人——那些有足夠力量及心智抓住這些機會的人。**」

這本書傳遞的訊息如下：如果要成功，在遇到機會的同時，勤奮努力比智力還重要——這對我來說相當深刻，且與我的個人經驗產生共鳴，我也很興奮有這個合作機會。提案這個劇集時，我不僅是在販售一個想法，而是我真心相信它。

就在最近，我進行了一場提案會議，其中一位決策者是我很尊敬但覺得難以捉摸的人。他舉止嚴謹，且幾乎不多做解釋來讓你知道他的想法。會議一開始，我就覺得不舒服了。整個房間一片死寂，感受不到任何活力。也沒有任何交談讓你得以切入或從中發展話題。我要如何在這種情況下，為我要提案的作品激起興奮感？只有一個方法可以找出答案。

我揮去心裡的所有質疑與壓抑，直接切入慷慨激昂的狀態。我投入一切，真誠且抱持信念地傳達我的提案內容。到了最後，我很有自信，自己跟在場所有人都建立了連結——應該說，幾乎所有人。那天我走出大門時仍然無法確定，我是否與最有決定權的那位決策者產生連結；整場提案會議裡，他始終用那張業界最出名的撲克臉看我。

意外的是，當晚我罕見地接到了那位決策者的電話。他想讓我知道，我的故事深深打動了他。藉著灌注自己的熱誠到作品裡，我終於與他產生連結，而我一直以來，只看過他無動於衷的樣子。聽到他說我的提案對他來說如此深刻，感覺真的很好。不管他最後對這個劇集的決定為何，我都覺得自己已經成功了。人生與各式各樣的人息息相關，感受到自己與真心景仰的對象有所連結，比賣出一項作品重要許多。我深感心滿意足。

第八章

眾目睽睽之下

站起身來發言需要勇氣，坐下來好好傾聽也需要勇氣。

—— 溫斯頓·邱吉爾（Winston Churchill）

我們一定多少都被凶狠的問過這個問題：「看什麼看？」並不是每個人都想被別人看，或被某些特定的人注視，或被用某種特定的方式盯著瞧。

在我過去的校園生活裡，那時我還不太了解自己的學習障礙，而且我的自覺很強烈。我不僅僅希望老師別看我，也不希望**任何人**看我。如果我覺得有人在盯著我看，或發現有人眼神瞟到我這個方向，我就會產生防衛心並加以還擊。這帶來了不少爭吵，也讓我變成大家心裡那個愛吵架的人。

我也因此覺得，似乎總是有人想挑釁我。在我十四歲時，有個德州來的強壯小孩——傑克．瓊斯——在學校餐廳正中央向我提出挑戰，就在所有人面前（一般來說，大家都習慣在手球場旁邊解決，至少觀眾會少一點）。

「現在就來打啊。」他邊說，邊站起身來。

其他學生都轉過頭來看我，這時我全身都感受得到心臟正劇烈跳動。我不想跟傑克打架，但好像也沒有其他選擇。如果我退卻了，其他人都會覺得我是個膽小鬼。如果我不退縮，很可能就會被痛揍一頓。

「好啊，來打啊。」確實，我被揍了一頓。

現在我已長大成人，我知道自己在擔心別人的想法時，我們就放棄了自己的力量；況且有時候，光是不屈服於污辱或對抗對方的誘惑，就是傳達自己能耐的最佳方式。我也終於能擺脫孩提時代困擾我的那種自我意識，我很幸運能解決這個問題，畢竟我現在的職業幾乎每天都得面對大家的注意。

現在，不管我在提案、在會議上發言、在電影片場或在鏡頭前，我時不時都得成為矚目的焦點。有件事能讓我在這種情況下找回自在的感覺，甚至讓我在多數時候都享受這種狀況：建立連結，與觀眾產生親密感。但要如何建立親密感呢？這種感受在一對一、面對面時建立容易得多；要如何與數十、數百，甚至上千名觀眾產生親密感呢？

二〇〇二年，我參加了舉辦於比佛利希爾頓酒店的奧斯卡入圍者午宴，威爾・史密斯（Will Smith）也到場參加。威爾因為他在麥可・曼恩（Michael

Mann）執導的電影《威爾史密斯之叱吒風雲》（*Ali*）演出而獲得提名；而我和朗・霍華則同時因為《美麗境界》獲得提名（朗獲得最佳導演提名，我們都獲得最佳影片獎提名）。這場午宴是場奇怪的活動：它本身設定為一個非正式、輕鬆的場合；但事實上，這個活動比頒獎典禮本身更令人不自在。

你可能會想像，會場裡滿是好萊塢從業人士，大家都互相認識，輕鬆地與不同對象聊天並互相稱讚，而且很享受這個盛會。但事實不然。我們很多人都只聽過彼此的盛名，而且身處於你最尊敬的同儕眼光下，其實很嚇人。更別說空氣裡瀰漫著大家都沒說出口的競爭意識了（畢竟我們通通都是來競爭同一個獎座！），根本輕鬆不起來。光是參加午宴就讓我有點緊張了，所以在威爾・史密斯自然地站起身來，向在場的大家打招呼後，我理所當然留下了深刻的印象。

「嘿！」他帶著大大的笑容說道：「這午宴真盛大，對吧？我們應該都很興奮能參加這場午宴吧？很高興見到大家！」

在那一刻，他一個人就改變了整個會場的氣氛。威爾感受到我們都很不自在，也因此與我、午宴上的所有人產生連結，我們本來都以為，只有自己覺得不自在。威爾一說完後，大家都笑了，一邊鼓掌的同時，場內的緊繃情緒也煙消雲散。威爾回到座位上時，氣氛變輕鬆了，大家的情緒也都放鬆了。不僅是威爾說的話——說實在的，他的發言內容我其實大部分都忘了——而是他外放的性格及自在的樣子讓一切變得不同。他活力滿滿，是輕鬆自在與自信的化身。（你絕對想不到，他當年沒有贏得奧斯卡獎，而《美麗境界》和《震撼教育》獲得青睞，勝過了他的電影。）

你可能會想：「**他可是威爾．史密斯，他當然迷人又自信滿滿。**」但我認識的很多名人——比你能想像到的多得多——也看起來很有自信，但他們其實在公開場合說話，或面對大量觀眾時，會覺得害羞或不自在。我不曉得當時威爾心裡真正的感覺是什麼，不知道他是不是感到猶豫或焦慮。但我確定的是，沒有什麼人會跟威爾一樣冒險發言。嘗試與不只單一對象，而是滿屋子的人建立連結需要勇氣，畢竟你不知道這些人是否能夠接受。

在我必須公開發言時，我總會想起威爾在午宴上的舉動，以及這個舉動如何改變整個空間的氣氛。我們應該都認識這樣的人：不一定很有名，但這個人因為某種原因，總能輕鬆找回那個最放鬆、最無矯飾的自己。在練習演說或報告時，將說話對象形象化會很有幫助。你甚至可以在說話時邊想像對方的樣子。在腦海裡描繪對方的站姿、動作，以及他們看著你時的感受。你想像這些人的樣子時，不必模仿他們，而是應該嘗試將這些人的存在內化，並放進腦海裡。

我們的電影《阿波羅13號》（*Apollo 13*）在一九九六年獲得奧斯卡最佳影片獎提名。在頒獎典禮前幾週，很多人都跟我打過包票，說這部電影大獲青睞，一定會獲獎，所以我雖然沒有抱持「預計」會得獎的態度，但我的確也覺得《阿波羅13號》大有機會。所以我提前花了一些時間，先寫好面面俱到的獲獎感言。

奧斯卡頒獎典禮當晚我坐在會場，心裡壓力很大；即便這已不是我第一次參加奧斯卡頒獎典禮，還是因為身邊圍繞著業界多數重要人物而大受影響，另一部分的原因則是，奧斯卡直播全球有三千五百萬人左右的觀眾收看。那可是相當多的收看人數，我的心跳絕對加速了。

我試著保持冷靜，但在即將宣布最佳影片獎時——這個獎項一直以來，都是典禮當晚最後頒發的獎項——我簡直快坐不住了，全身也因緊張而顫抖。**這就是了嗎？我們要贏得奧斯卡獎了嗎？**頒獎人薛尼．鮑迪（Sidney Poitier）總是風度翩翩、發言謹慎，口條也無比清晰。我的焦慮感達到前所未有的高度。

「奧斯卡最佳影片獎得獎者是……」薛尼打開了手上的信封。我很清楚看到他的嘴型即將說出「B」；因為最佳影片獎項是由製作人上台領獎，我立刻就認為，他要說出口的就是我的名字——布萊恩（Brian）；我猜想，他要說的是：「得獎者是布萊恩．葛瑟！」因此我興奮地從座位上跳起來，開始走向舞台。

「《梅爾吉勃遜之英雄本色》（*Braveheart*）！」

我停下腳步動也不動，開始全身出汗。我試著在沒人發現的情況下偷偷用慢動作倒退回座位，但想當然爾，大家早就轉過頭來看我了。幾排之外，有個大製片廠的老闆看著我，舉起他的大拇指與食指放在額前，做出「L」的形狀，大家都知道這是表示「輸家（loser）」的手勢。我被羞辱了！我整個人倒進我的座位，把自己深深藏進椅子裡。這時我覺得，整個世界都在朝我逼近。

我坐在靠走道的位置。朗是《阿波羅13號》的導演，他就坐在我旁邊；而坐在他旁邊的是吉姆．洛威爾（Jim Lovell），他是在電影中由湯姆．漢克斯飾演的太空人本尊。我突然感覺到，吉姆抓了抓我的手臂，他傾身跨過朗，看著我的雙眼。

「沒事的，」他說：「我也沒成功登上月球阿！」他那麼說真是太親切了，也的確讓我覺得好多了。他的話令我安心。

幾年後，我又獲得另一項奧斯卡獎提名。那天晚上的事情跟之前有點不一樣。即便這次《美麗境界》好像也很有可能獲獎，但我不想再認為一切都是理所當然了。我口袋裡有一份清單——清單上寫的是，如果我們真的獲獎，我想感謝的人，以及一些小感言的提示，但這次的準備就只有這樣。我猜，我可能不想因為準備得太完備而破壞獲獎的可能吧。

終於輪到最佳影片獎頒發了，湯姆．漢克斯走出舞台，負責頒獎。我再次感到如坐針氈，但這次我動都不動。直播的攝影機在提及各個獲提名人的名字時一一拍攝每位獲提名人的表情，所以我努力讓自己看起來很鎮靜——應該說，我盡可能保持冷靜。湯姆打開了信封，接著他說：「得獎的是《美麗境界》，製作人是布萊恩．葛瑟以及朗．霍華！」腎上腺素充斥我的全身，大家都在歡呼，我站起來走了幾步。羅素．克洛擁抱我，在我耳邊說了些鼓勵的字句。

在我走上舞台時可能看不太出來，但我其實在發抖。我想把愛給予所有對這部電影有所貢獻的人，所以我從口袋拿出了那份清單，並看著它。但所有讀者現在都知道了，閱讀不是我的強項！我無法聚焦在文字上，焦慮在腦中徘徊不去。

如果我口齒不清怎麼辦？或者如果我講太久，被音樂打斷怎麼辦？

當下我抬起頭來，看向台下的人群。我看見了坐在前排的五位女演員：安潔莉娜．裘莉、妮可．基嫚、芮妮．齊薇格、茱莉亞．羅伯茲以及珊卓．布拉克。她們五位的名字聽起來就像宏偉的五重奏——五位才華洋溢、成就非凡、美貌驚人的女性，而我恰恰好認識她們每一位。藉著輪流看著她們，我終於得以重新控制自己。就像當初吉姆・洛威爾在我不那麼光彩時做的，這些傑出女性——也正好是我的朋友及同儕——就在這裡給我支持。在我努力照順序念出清單上的人名時，她們都在為我加油。她們的眼神說著：「你可以的。」我跳脫本來計畫的感言內容，開始即興發言。

「我好緊張。」我對著台下的人山人海坦言：「我知道看不出來。」但顯然事實不是這樣，所以觀眾都笑了，場內的氣氛鬆了。這也是我終於破冰的時刻。如果我無法跟前排那些熟悉的面孔產生連結，誰知道那晚會變成怎樣。

當晚我用了一招，它在其他無數次公開演說時都救了我。**我將我的關注點從龐大的人群聚焦到單一人物身上（或如上所說，聚焦到幾個人身上）。這讓我能在本來完全無法建立親近連結的情況下，得以與少數人製造較親密的交流。**這份連結就是我的救命索。這個方式聽起來也許簡單，而且我的個人經驗可能沒那麼有說服力——畢竟不是每個人都有這種「驚人」的好運可以上電視說話。但不管你是誰或你在哪裡發言，原則都一樣，不管是在銷售會議或生日派對上，都是同一個道理。

幾個月前，我和維若妮卡邀請我們十四歲的兒子派翠克在世界兒童獎（World of Children Awards）上擔任我們的引言人，我們很榮幸獲獎。如今，派翠克已經是個可以表現得泰然自若的孩子了，雖然對大部分人看不太出來，但身為他的父母，我們發現，這件事讓他很緊張。這是他第一次在群眾前發言，而且這是個重大場合。

活動當晚，我們坐在最前面的桌子。全家都到齊了，包括派翠克的阿姨、叔叔以及我們的許多親友。我注意到，派翠克提詞卡上的墨跡都被手心的汗弄糊了，接著，我聽到他悄聲對維若妮卡說話。他想問維若妮卡，能不能安靜地最後練習一次引言。因此，他們兩個坐在桌子前，排除周遭一切干擾，開始專注於練習。維若妮卡提醒派翠克講慢一點，記得自然停頓，另外最重要的是，抬起頭與觀眾連結。她告訴派翠克，可以在人群裡尋找我們兩個的臉，這樣就能感受到我們的支持。

時間一到，派翠克走上台去。看見他穿著我的淺灰色西裝，繫著我最喜歡的窄版黑領帶，看起來如此鎮定穩重，我熱淚盈眶。我和維若妮卡看著他深吸一口氣，尋找坐在前排的我們。我們的眼神一碰上，他立刻有了安全感，開始引言。

「我很開心我爸爸和維若妮卡邀請我來講他們的好話……還是在三百人面前！」

觀眾都笑了，派翠克也嶄露大大的笑容。他繼續慢慢演說，當然也記得停頓、抬頭、微笑。他的表現渾然天成！

有時候你得在一些觀眾面前演說，而在整群觀眾面前時，那種我在奧斯卡頒獎典禮上發現個人連結，以及派翠克在晚宴上尋找個人連結的方法並不管用。這種情況下，最佳的下一步就是**打造**與其中一個觀眾的連結。舉例來說，你可以聚焦在面前那位觀眾，想像你在跟他一個人說話。或者也可以挑戰自己，試著抓住這群觀眾裡特定某人的注意。

幾年前，我獲邀至西雅圖附近舉辦的微軟執行長大會（Microsoft CEO Summit）上演說。觀眾裡還有其他獲邀演說的講者，包括亞馬遜創辦人兼執行長——傑夫・貝佐斯（Jeff Bezos）、華倫・巴菲特、當時的可口可樂執行長——穆赫塔爾・肯特（Muhtar Kent）、當時的埃克森美孚（ExxonMobil）執行長兼前國務卿——雷克斯・提勒森（Rex Tillerson）以及比爾・蓋茲本人。這些商場巨頭就等同於我在奧斯卡獎上，面對面遇到的那些好萊塢菁英。我發現，我又開始緊張了。更糟的是，上台演說前就有人先警告我，蓋茲會坐在第一排。有人告訴我，蓋茲有個習慣，他會在這些演講進行時看手機。所以即便他的確有在聽我演講，看起來還是會像他根本沒在注意我一樣。我不必覺得不高興，這就是他的習慣。

這下挑戰來了。如果要和蓋茲產生交流如此困難，我就下定決心要讓他與我有所連結。但我該怎麼做呢？

就跟傳言所說的一樣，蓋茲坐在我眼前。他在演說時曾提到，這世界上還有一部分地區的多數人口還是會感染小兒痲痺症。我從這點攫取到一些訊息。約那斯・沙克（Jonas Salk）是我孩提時代的英雄，他做出了第一劑小兒痲痺疫苗，與他見面是我人生中最重要的一次會面。在台上，Thrive Global的創辦人兼執行長、《赫芬頓郵報》創辦人——雅莉安納・赫芬頓（Arianna Huffington）訪問我，而我決定說出這個故事。

「比爾，」我開口說道：「你提到了小兒痲痺，而我得告訴你，約那斯・沙克是我心目中的英雄……」

我吸引了他的注意力。他抬起頭，我的眼神與他相會。雖然我在一個大舞台上對一大群觀眾演說，但當時，彷彿我正直接對蓋茲說話一樣。

這個故事我在《好奇心》裡也寫過，故事內容如下：

在我剛開始進行好奇式談話時，沙克就在我那份短短的名單裡，我極度渴望跟他談話。當時我還沒沒無聞，而他是世界上數一數二知名的醫學研究者。但我很有毅力。不管我有沒有收到回音，我每週都打電話或寫信給他的助理。最後，我終於找到一個突破點。沙克換了個新助理。我還記得她的名字是瓊．雅布拉漢森（Joan Abrahamson）。瓊就是我的新開始。她（還）沒理由對我及我不擇手段想見她老闆的渴求感到厭煩，因此我繼續打電話和寄信，直到瓊說我，或許可以在沙克位於比佛利山莊大飯店的演說結束後見到沙克一下下——但就只有一下下。

我努力克服自己的興奮感，而且很擔心我會錯過這次機會——我可能會遲到、迷路，或找不到見面地點。所以我提早兩小時抵達飯店。彷彿等待了一輩子後，我終於見到自己孩提時代的英雄走過大廳。我走向他，每靠近一步，心裡的慌亂就增加一點。我一步步接近，直到終於與他面對面。接著，就在我即將與他握手的那一刻，我吐在他身上，差一點就昏倒了！

沙克醫生蹲下身來跪在我旁邊，看看我怎麼了——畢竟他是個醫生。他的手環繞著我的後腦勺，請服務生倒杯柳橙汁來給我喝，穩定我的血糖。他或許治癒了小兒麻痺症，但在那一刻，他的舉止就是個一般的醫生。他看著我的雙眼——而我當下也不知道自己為什麼會那麼做，但我還是回望了他的雙眼。我們後來成了朋友，這段友誼不斷持續到他過世的那一天。

在我說故事的同時，我確定，我將我的眼神牢牢鎖定蓋茲。我很難不注意到，整個過程他完全沒有低頭看他的手機。

第九章

專心聽！

說話時，你只是在重複自己已經知道的事；
但如果你傾聽，就能學到新事物。

—— 達賴喇嘛

我準備好與老朋友吉米·艾歐文（Jimmy Iovine）共進午餐。我跟吉米已認識很多、很多年了；事實上，我們當初一起製作電影《街頭痞子》（*8 Mile*）。吉米跟 Dr.Dre 是 Beats 耳機的共同創辦人，不過他的事業起初是從擔任約翰·藍儂的錄音工程師起步。後來他創辦了新視鏡唱片（Interscope Records），並在那裡簽下了 U 2、吐派克（Tupac）、Lady Gaga、關·史蒂芬妮（Gwen Stefani）、阿姆、五角（50 Cent）等無數音樂藝術家。吉米是業界傳奇。他也是那種文化連結相當深厚，且似乎對一切都有鮮明且原創洞見的人。我們非常親近，所以盡可能找機會多聚聚，我們的對話也總是豐富又有趣。

有天，我們打算去棕櫚餐廳（The Palm）聚餐，那是位於比佛利山莊，許多商業巨頭進行商務會議的地點，老闆是我的朋友布魯斯·博齊（Bruce Bozzi），我們打算也邀請馬克·華伯格（Mark Wahlberg）加入。我也認識馬克好久了，當初我在我製作的電影《致命的危機》（*Fear*）邀請他擔任男主角。他的事業原本從在吉米的新視鏡唱片做音樂起家，所以我們都認識彼此。這天下午一定很有趣。

在午餐聚會當天早上，我坐在餐桌前時電話響了。電話那頭是大衛・葛芬（David Geffen）。大衛是個傳奇人物，他在諸如：音樂、電影及百老匯等許多藝術領域都獲得空前成功。

大衛問我：「布萊恩，你在幹嘛？今天要不要一起吃午餐？」我認識大衛最久，已經四十年了。當初朗・霍華和我一起打造第一部電影《銷魂大夜班》時，大衛給予我們相當有力的肯定；當初電影海選時，他在華納兄弟整個高層團隊及到場的兩位老闆面前，站起身來告訴大家，他很喜歡我們的電影。單是這個舉動，就為這部電影及我早期的職業生涯帶來驚人的推動力。

「我今天要跟吉米和馬克・華伯格吃午餐。」我說：「你要加入我們嗎？」大衛跟吉米也是知交好友。

「當然，聽起來太棒了。」大衛說道。

幾分鐘後，我收到吉米的簡訊。

波諾（Bono）也要來。

參與這場午餐會的其他人都是我朋友，波諾則不然，我跟他還不太熟，所以我很興奮有這個機會跟他見面。

到了一點左右，大衛、吉米跟我先抵達棕櫚餐廳。我們坐在溫馨的卡座裡，那是我最喜歡的位置。接著馬克跟波諾也來了，跟我們一起擠進這個座位。

這個卡座是為四人用餐所設計，所以我們幾個坐在一起有點擠。我們的腳甚至都碰在一起了。這馬上就為我們的聚會增添幾分親密感，比起坐在大桌子前那種很有餘裕的空間來得緊密。這有助於促成好好聊天、產生連結的機會。我喜歡。

通常，我在與我覺得很有趣的人見面時，會強迫自己以同等質量的談話內容回應對方。這是我做好奇式談話時的習慣：不僅是從談話中得到收穫，也馬上回贈對方同等的故事或訊息。這天，我決定採用不同的方法。我沒有立刻一頭栽進對話，而是專心沉浸於聆聽身邊這些人要說什麼。我也不全是保持安靜，但也不再覺得，自己必須在對方說完故事的當下，就馬上以另一個故事回應。

我對於波諾要說什麼特別感興趣。畢竟他是世界上數一數二才華洋溢的搖滾巨星，更別提他致力於投入發揚人道主義了。他的付出遍及極度貧窮地區的數百萬貧民及愛滋病患者。我有好多問題想問他：「**他對這個世界的獨特世界觀是什麼？對他來說，最有意義的是什麼？他現在最想做什麼？**」但我不想打斷他的思緒，所以只問了幾個問題，專注於用雙眼傳達想更了解他的心情。

雖然早就知道波諾在非洲及全球各地所做的努力，但聽他的第一手敘述，讓我對這些行動的規模之巨大有了更深刻的了解。我心想：「**哇，這傢伙真的為了更崇高的目標展開實際行動，他的行動高度更高，與各國政府合作濟貧，並降低愛滋病患病機率。**」我印象深刻並深受感動，甚至被大大啟發。

透過我非營利的電影及作品，我已經做了很久的公益工作。但聆聽波諾的敘述，又激盪出各種點子，並因而想出如何利用自己的職位、才能以及資源為這世界帶來正面影響的方法。事實上，這頓午餐正是為我激盪出最近一項計畫的原點：一個名為「想像娛樂影響力計畫」（Imagine Impact）的全球創新內容培育計畫。

「想像娛樂影響力計畫」的運作方式，是由世界各地的數千名寫作者申請參加各項種類的培訓營，這個模式師法矽谷知名的 Y Combinator 新創培育計畫，並為 Dropbox、Airbnb、Reddit、DoorDash 以及許多其他公司帶來種子投資。「想像娛樂影響力計畫」選出約二十五位參加者，使其獲得業界最聰明也最有成就的創意家親自教導。完成計畫後，他們就擁有向好萊塢買家提案的機會。高德溫．賈邦威（Godwin Jabangwe）來自辛巴威，他是一名才華洋溢的作家，然而他的戶頭裡只有十二美元，他獲選參加第一次「想像娛樂影響力計畫」課程。他以自己創作的家庭冒險音樂劇動畫進行提案，劇名為《東佳》（*Tunga*），接著，這部動畫片便引起四方的爭奪戰。最後由 Netflix 以三十五萬美元勝出買下。這部音樂劇發想於辛巴威修納（Shona）文化的神話，高德溫本人就在修納文化中被扶養長大。這個故事的內容是關於一位名為東佳的非洲女孩在父親過世後，必須踏上冒險旅程到神話中的失落之城，而那裡的長老神靈（spiritual elders）會教她如何召喚雨水，拯救她正逢嚴重乾旱的村落[17]。「想像娛樂影響力計畫」不僅為高德溫這樣的寫作者提供機會，得以在這個大家都說難以涉足的業界打造自己的職涯發展，更讓全球觀眾有機會聽見過去我們可能錯失且不容忽視的全新觀點。

那天早上，我原本只是要按計畫吃頓輕鬆的午餐，絕對想不到這次聚餐帶來的後續效應及對我產生的影響力會如此之大。

有時候，我們與對方必須以同等程度參與談話，才能跟對方建立有意義的連結，但情況並不總是如此。在你想與對方建立連結時，聆聽與訴說同樣重要，有時甚至更加重要。我們在與他人談話時，常會花時間思考接下來自己要說什麼，而不是注意理解對方說了什麼。史蒂芬・科惟（Stephen Covey）說：「多數人聆聽不是為了理解，而是為了回應。[18]」人們在獲得他人傾聽時，會因此覺得自己有價值，而這能帶來信任及尊重的感受。正因如此，如果你能全心全意關注他人，讓對方知道你想聽他們再多說一點……通常他們就會向你分享更多。如果你在毫無準備的情況下要與他人談話，或想跟知識背景與你大相逕庭的對象產生連結時，記住這點會特別管用。如果我們都能真心關注他人說的話，就能變得更有智慧、更有知識。好的聆聽者會給自己機會理解他人的觀點，並藉此拓寬眼界。更別提一個好的聆聽者有多稀有了，這正是分出高下的關鍵。

二〇〇四年，朗．霍華和我買下了《達文西密碼》（*The Da Vinci Code*）的電影版權。那陣子，我剛好帶女兒莎姫（Sage）去看王子（Prince）的演唱會。那是一場小型私人表演，舉辦於曼哈頓下城、現已歇業的黑色俱樂部（Club Black），我覺得如果能跟女兒一起看王子表演一定很好玩。之前，我曾與王子簡短見過一面，覺得他應該不知道我是誰，更別提還記得我了。

我跟莎姫經過門口的保鑣後，就走進了表演場地，王子站在門口跟大家打招呼。我們在隊伍裡排在許多名人前面，我想王子應該都認識這些名人，也想跟他們聊聊。我猜我們經過時，王子應該只會禮貌性地跟我們打聲招呼，但出乎我意料之外，他竟然真的還記得我。

「布萊恩，嗨，很開心見到你。」他說。

我猜，所有父親都會因為這一刻感到驕傲吧。我想讓莎姬留下深刻的印象，你想想，還有比這更令人印象深刻的事嗎？我想抓住王子的注意力，讓這次互動持續更久，所以我凝視他的雙眼。這招奏效了。

他問我：「你最近在忙些什麼？」

我告訴他，我剛買下《達文西密碼》的故事。這可是本極富盛名又大大熱銷的書，幹嘛不提呢？

「真的？天啊，太棒了，我超愛《達文西密碼》！」他說道。

現在回想起來，才想到，（當時我腦海可能有一閃而過，或是我記得，我曾經耳聞）王子是個極度虔誠的人。事實上，他本人就是虔誠的耶和華見證人（Jehovah's Witness）信徒。《達文西密碼》的故事主軸，就是關於宗教歷史的另類理論，內容關於法國的墨洛溫王朝（Merovingian）以及耶穌與抹大拉的瑪利亞的婚姻關係。我購買電影版權前讀過原作，所以大概了解這些理論，但我從來沒有深入研究過。相反地，王子則是這一切知識的專家。

他問我：「你讀過《聖殿騎士團揭密》（*The Templar Revelation*）嗎？或《執掌香膏玉瓶的女子》（*The Woman with the Alabaster Jar*）」

我讀過嗎？我根本連聽都沒聽過。我突然覺得，自己有點像在課堂上因為沒讀過的書而被問題考倒的國中生。我不想讓自己顯得很蠢，但我也不想說謊。

我承認：「我沒讀過。」

我想，如果能讓這段對話持續越久，對我女兒來說，這段回憶就更值得回味。所以我為王子獻上了當下我唯一能給他的東西：我的關注。

我雙眼注視著他說：「跟我說說這兩本書吧。」

我完全不知道，皮艾爾．彭勒德（Pierre Plantard）是誰（一名法國繪圖員，他對墨洛溫王族的論述被證實為虛假的理論），也不了解這些王子正在談論，且顯然很了解的任何其他議題。但我能維持我們之間的連結。單單藉由我的雙眼，以及零星幾個表示贊同的字眼，例如：「好酷」及「再跟我多說一點」，我就讓王子持續投入這段對話了。我可以感受得到背後隊伍傳來的不耐，但我不在意。我跟莎姬直到今天，都還會談論這傳奇的一天，這位世界上最傑出的藝術家可足足花了十分鐘跟我們大談陰謀論呢！

第十章

適者生存

清空你的思緒，水無形亦無相。倒進杯裡，變成一杯水；
裝進瓶裡，變成一瓶水；倒入茶壺，變成一壺水；
水能流動，亦可穿石。活得像水一樣吧，我的朋友。

——李小龍

或許你曾發誓過，再也不要邊開車邊傳簡訊，但你就是忍不住要再傳最後一封訊息，結果車身突然偏離車道，差點撞上別台車。也或許，你因為在朋友的派對上待在角落看比賽，不融入大家，而錯失一次浪漫邂逅的機會。又或許，你曾經歷過在會議上失神思考週末計畫，卻被點名回答重要問題的尷尬經驗。如果以上任何一件事曾發生在你身上，但願從挫折中恢復沒花你太多力氣。重點是，我們都很容易因為分心而出錯、遭逢意外或錯失良機。與人溝通時，如果我們沒把注意力放在周遭的人身上，或甚至與你面對面的那人臉上，我們就很容易忽略關鍵資訊，誤解對方的意思，甚至錯失能增加、維持信任與尊重的機會。

如果我們希望溝通過程足以帶來有意義的連結，就必須保持警醒、全神貫注。對我來說，眼神接觸就是活在當下的關鍵。在我有眼神接觸時，注意力就比較不容易渙散。如果對話內容漸趨平淡（這的確會發生），我的大腦馬上就會開始想強與維尼（Jon & Vinny's）的芝麻葉披薩，將眼神重新聚焦於我的談話對象，這麼做能將我拉回當下，並讓我專注。

羅馬皇帝馬可・奧理略（Marcus Aurelius）有「哲學家皇帝」的美譽，他專注且避免分心的能力遠近馳名。奧理略建議，全神貫注的最佳方法就是，想像你手上在做的這件事，就是自己在人世間的最後一項任務，畢竟沒人希望自己活著的時所做的最後一件事既草率又沒意義。奧理略也相信，一句簡單的咒語就能為我們找回專注力，所以試著創造出自己專屬的專注力咒語吧。不管你選擇什麼當作自己的專注力咒語，在與他人碰面、演講前，或是在一項重要的專案開始前，對自己念這個咒語就能幫助你的大腦專注，也避免分心。

人與人的對話會不斷出現各種訊息——非口語的訊息——我們只能依賴解讀對方的眼神、表情、肢體語言來理解。因此，我在全心全意關注對方時，便能吸收各種資訊，如果不這樣全神貫注，我就無法接收到最全面的資訊。藉由看著對方的雙眼，我能夠更理解他們的情緒狀態。我可以在他們的雙眼發亮時判斷，他們對我提出的問題很有興趣，或覺得我說的話很有趣。我也可以在他們的眼神開始游移時，警覺對方對話題的走向感到不太舒服，或是已失去興趣。這一切線索，都能協助我引導對話的方向以及建立連結。

在我能完全了解對方的當下，我察覺機會來臨並抓住它們的可能性就更大了，這些機會包括與某個新朋友交流，或深化我與朋友之間的既有友誼。也因為如此，我在與面前這個人相處時如果越投入，在對話開始朝預期之外的走向移動，或建立起的連結性質出現轉變時，我就有更好的反應或能更妥當地回應。這種情況比你預期的更常出現。吃早餐時，我們的一位工作夥伴說他在一段關係裡已經不開心好一陣子了；就在這種平凡無奇的情況下，一位不太熟識的同事讓我知道，我一直以來都是他最信任的心靈導師。

還有一個類似的情況讓我歷歷在目。

《大戰巴墟卡》（*The Man Who Would Be King*）是約翰．休斯頓（John Huston）執導的電影，改編自魯德雅德．吉普林（Rudyard Kipling）絕妙的冒險故事。看完這部電影後，我對於共濟會員們（Freemasons）極端隱密的生活十分好奇；電影裡的三位主要角色——克里斯多夫．柏麥（Christopher Plummer）

飾演的吉普林，米高．肯恩（Michael Caine）飾演的陌生旅人以及史恩．康納萊（Sean Connery）飾演的丹尼爾．德維托（Daniel Dravot），他們通通都是這個神祕兄弟會的成員，而這個兄弟會則傳言是由一群善於管理的菁英集結起來控制世界的團體[19]。對此，我想更深入了解。共濟會會員有許多不同的次序及等級，最高的次序名為蘇格蘭儀式三十三級（以33°表示）[20]。我很期待與美國西部共濟會組織的區域領袖見面，這兩位男士是一對父子，我很興奮能與他們談話。這次會面花費了我一些努力，包括以數次信件及電話溝通，與他們的辦公室聯繫並解釋我與他們接洽的目的，最後他們終於同意與我見面。

到了約定見面當天，兩位年長且氣質高貴，但外表不太顯眼的紳士來到了我的辦公室。這對父子中的父親年近八十歲，兒子則是六十歲左右。他們說話帶有濃厚的立陶宛口音。他們打著領帶、身穿格子西裝，外表看起來有二戰前的優雅風格。他們走在街上，我可能會以為這是來自鑽石區的珠寶商或商人。他們兩位的舉止都溫文儒雅又謙虛。

我預期，這兩位客人可能會帶著懷疑的態度與我打交道以保護自己，畢竟他們兩位都來自祕密社團。但意外的是，他們並沒有這樣對待我。他們態度友善，且似乎很放鬆地跟我相處；當下如果要我猜測，為什麼他們會抱持這種態度，我想應該是因為在觀察過我後發現，我有些有價值的事情可以跟他們分享，或至少我對他們來說，我沒有威脅性。

我們開始在辦公室的沙發上坐下聊天。我很榮幸能跟他們共處一室，並準備好吸收他們願意跟我分享的一切事物。這位父親開始很引以為傲地向我解釋，共濟會（又稱為石匠公會）是世界上第一個也是最大型的兄弟會，他們相信每個男人都能對這個世界產生一些影響。時至今日，所有階級的會員（幾乎）全是男性，他們公開的目標是「將好人變得更好」[21]。接著他向我解釋，共濟會會員相信生命的意義不僅限於金錢或享受，他們致力於以榮譽、正直、博愛的價值立身於這個世界。我深深著迷於這一切，因此我問他們，這個組織當初是怎麼開始的。

此時兒子加入談話。他告訴我，共濟會可追溯回七百多年前，源自於中世紀石匠的兄弟會[22]。在美國早期的歷史裡，共濟會會員相當突出，革命先驅亞歷山大・漢彌爾頓（Alexander Hamilton）及保羅・里維爾（Paul Revere）、總統喬治・華盛頓（George Washington）及安德魯・傑克森（Andrew Jackson）都是會員。事實上，共有至少十四位美國總統都是共濟會會員，包括哈瑞・杜魯門（Harry Truman）及傑拉德・福特（Gerald Ford）[23]，這令我大為震驚。我自己在大學時代沒有加入兄弟會，我很敬佩這些歷史上的傑出人物在多數人根本不知道共濟會存在的狀態下投入自我，在神祕、隱密的情形下與彼此共享同樣的哲學及行為準則。時光飛逝，這對父子一一回答我的問題，他們有時會跟我分享大量細節，有時候則含糊帶過（他們並不是知無不答）。

一小時後，這位父親問我：「布萊恩，你願不願意考慮加入我們，成為共濟會會員？」在那一刻，原本以好奇式談話為開端的這次會面，性質突然變得大不相同，轉變為一次提案。我出於訝異而睜大雙眼，彷彿意外獲得了讚賞。我什麼都不必說，我的眼神及微微傾斜的頭表示，我正在接收這個提議帶來的訊息。

他繼續說：「我們已經討論過了，我們覺得你是絕佳人選，但現在有一個問題要先問你。」

「什麼問題？」我問。即便我想裝作沒事，但還是難掩興奮。我難以置信，他們會希望我加入這個祕密社團！

「我們得知道，你是否有任何背叛我們的可能？」

我有點嚇到，這是個強烈且帶有歷史背景的問題。共濟會會員的資格審核制度中，包含「第三級審核」（the third degree 這個詞也有盤問之意，這就是它名稱的由來）[24]這個門檻。共濟會會員對背叛並不陌生；一直以來，他們也是陰謀理論的一大主角。在共產主義統治下，共濟會會員遭到迫害，並成為納粹的直接目標[25]。估計有八萬至二十萬人在猶太人大屠殺中遭到殺害[26]。

我立刻察覺到，這段對話的調性改變了。先前的對談自在歡快，現在則有種需要好好思量如何回答的感覺。當共濟會會員問我是否會背叛他們時，他們並不是隨口問問，也不只是需要形式上的回答。對他們來說，這個答案至關重要，而且我必須對我的答案百分之百真誠。

思緒在我的腦海中以光速流轉，我開始思考自己是否有機會背叛他們，以及那會是什麼情況。我很確定，自己永遠不會公開破壞他們的信任，但是共濟會會員的行為準則相當嚴格，也必須保護好菁英的名譽[27]。如果我不小心搞砸怎麼辦？我認為**有這個可能**，我**有可能**會做出一些**他們覺得違反行為準則的事**。畢竟我是一個有點隨興的傢伙，我喜歡自己的幽默感，也喜歡擁有一些物質享受。

當我考量種種情況時，我同時看了看這兩位男士。他們的眼神裡有對我的信任及善意。我在過去一個小時中了解了他們以後，覺得他們很有紳士品格。他們全心專注在我身上，整場談話都專心看著我。他們善於聆聽的能力無懈可擊，對於我作品中不斷出現關於人類勇氣及賦權的主題表示激賞。簡而言之，他們用最高規格的尊重對待我，我希望能報答這份尊重，並對我們建立的連結致上敬意。即便我覺得受寵若驚，也對於這份加入他們獨有組織的邀請感到備受誘惑，但我

知道，自己得怎麼回答。我打從心底知道，我在群體中的利益並非全然與他們更大的目標相符，也或者與**我**更大的理念不符。

「我很抱歉，我沒辦法加入。」我這麼回答。

這對父子中的父親驚訝地看著我，他顯然對我的決定猝不及防；兒子則看著他父親，衡量自己該怎麼反應，接著他也仿效了父親的態度。這個當下對我來說並不是很自在，但我打從心裡知道，我做了正確的決定。

如果你誠心誠意積極聆聽，並與你面對面的對象一起專注於當下，就會形成一種約定。這兩位共濟會會員藉由邀請我加入他們的祕密兄弟會，提升了這份約定的等級，也改變了談話的性質——至少他們對我的態度是如此。我對於這次會面的企圖，並沒有打算更深入了解他們以及組織本身；然而，這兩位共濟會會員對於這次會面的目的則是希望能與各領域的有力人士展開交流——如政治、教育、工業、科技及藝術領域。對他們來說，這是試探的機會，而且有機會藉此招募到新會員。

如果我不夠專注，很容易就會誤解他們提出這份邀請的重量，可能就會因此做出相反的決定並導致嚴重後果。然而，因為我打從一開始就全心投入談話，不僅是專心聆聽，也注意非口語性質的線索；我了解實際情況，也能順應作出調整。

回頭來看，這兩位共濟會會員問的問題或許早就提示我談話的走向了。例如，我現在能夠理解，他們為什麼會問：「布萊恩，你相信神嗎？」他們在評估我是否滿足共濟會的行為準則。總之重要的是，最後我做了正確的決定。到現在我還是不知道，自己如果接受加入共濟會的邀請會發生什麼事（雖然我認為，他們對於我的電影《達文西密碼》應該會有意見，畢竟它帶起了陰謀論）。我現在知道的是，自己從不後悔當初拒絕這份邀請。

第十一章

克里姆林宮探祕

一個人從不犯錯，是因為他從未嘗試新事物。

—— 艾伯特・愛因斯坦

我很努力建立連結，並了解連結的線索，但即便我盡力解讀這些連結，並時時刻刻注意人們身上的線索，還是會有些失敗的經驗。這讓我知道，學海無涯。在我們希望某些事情發生時，可能因而有意識或無意識地導致結果翻盤，合理化任何可能導引出自己不想聽到的結論訊號。前幾年，這種現象就曾發生在我身上。

我成長於冷戰時期；身為一個孩子，我學到俄羅斯人是敵人，而且他們代表與美國核心民主價值對立的一切。我很害怕他們會從「鐵幕」後面跑出來，摧毀我們的生活方式。因為蘇聯的建立方式，也因為他們缺乏獨立媒體，除了從電影看到的樣貌以外，我不太了解蘇維埃社會主義共和國聯盟（USSR）。當時，我是個十五、六歲的年輕男孩，那是我所能想像到最不適合到訪的地方。去蘇聯似乎跟登陸月球一樣不可能實現——事實上，應該比登陸月球更不可能。

或許我只是跟大部分人一樣，對遭到禁止且危險的事物吸引；越長大，我就對蘇聯越好奇，也越想造訪。不過直到最近，我才有機會實現這個願望。

自從佛拉迪米爾．普丁（Vladimir Putin）成為俄羅斯總統後，我就很想與他見面，並展開一場好奇式談話。當然，他的確是世界上最令人懼怕的元首之一。但身為一位擁有巨大權勢及影響力的人（或許這樣講還太溫和了），又同時身為現代俄羅斯及冷戰的象徵，更是前國家安全委員會（KGB）成員，我對普丁非常好奇。但這並不表示我同意他的行事方式或手段，也不代表我認可他的想法。我很常與觀點和價值觀與自己不一致的人對談——這是我刻意的作法。我與販毒集團以及極道（源自日本的跨國組織犯罪集團）成員見過面；與我會面的人也包括斐代爾．卡斯楚（Fidel Castro），以及在洛杉磯暴動期間，備受爭議的前洛杉磯警察局局長戴露．蓋茨（Daryl Gates）。並非所有與我對談的對象都是像約那斯．沙克那樣的人。我的目標是拓寬眼界，使自己對這個世界的視角更宏大，即便這麼做會讓我感到不自在，我也要做到。

但要怎麼促成與像佛拉迪米爾．普丁這樣的人見面呢？不可能直接拿起電話，就開始到處詢問，有沒有人願意提出邀請。想見到他似乎很不實際，所以我從沒實際去追求這個目標。但不管何時，如果有人問我，最想與誰來場好奇式談話，我都會說普丁。很顯然地，我對普丁的興趣傳了開來。

幾年前，我有個年輕員工名叫史考特，他是個敏銳的小夥子，而他爸爸史提夫則是在完片擔保（bonding films）的業界工作。簡單來說，電影的完片擔保必須確保電影順利拍攝完成，這就是稱為完片擔保的一種保險。他的公司則負責為你所能想到的任何地方拍攝的電影進行完片擔保，因此，他們在世界各地都有緊密的聯繫網絡。史考特的父親已經在這行工作了數十年，而史考特因為和我工作過，而知道我想跟普丁見面；他在從想像娛樂公司離職後幾個月，他打電話給我。

「普丁的團隊聯繫了我爸的商業夥伴。」他說：「普丁很有興趣與你見面，他願意跟你對談。」這聽起來有點可疑，俄羅斯總統會想主動與我聯繫、跟我對談，這件事似乎不太可能發生。

「真的嗎？」因為史考特總是想取悅我，我多疑地猜想著。但是，我為這次見面機會感受到的興奮心情合理化了這件事；我已不再是史考特的老闆了，所以他取悅我沒有什麼實際好處。我問他：「這是怎麼發生的？你怎麼知道這件事？告訴我一切細節。」

「我爸告訴我，他跟自己的商業夥伴提到說，你想跟普丁見面，而這位商業夥伴剛好是俄羅斯的政界成員，傳回來的話是說，普丁其實也想見你。」

恩……。

這聽起來，本質上有點像傳話以後得到的結果；即便普丁真的有聽到這些話，誰知道傳到他耳裡的訊息到底是什麼？更別提，他實際說出口的是什麼內容了。在小學生的教室裡，事情都是因為這些傳話的過程而被誤解。想想看，在洛杉磯和莫斯科之間傳話，有多少內容會因此被扭曲。不過我還是決定確認看看，至少確定一下，這份邀請對我有沒有任何好處。

剛好我另一個朋友也是製作人，他家也跟一些在俄羅斯有影響力的人物有點關係。他是個聰明、周全又可靠的人，也很了解這種事。因此我打給他，請他幫我確認這件事。很快的，他回電給我。

他說：「真的，這是真的。」

「你說真的，究竟是什麼意思？」我問道。

「我確認過了，我有看到那些電子郵件，也檢查過有關人士的訊息了。」通常，我對於這種複雜問題能得到快速回覆的情況都會很快提出質疑。但這次我壓下了這份直覺，對這份邀請的真實性保持希望。

「好吧，我想看看那些郵件，然後多聽一些你找到的細節。」我這麼說。

我很好奇這些電子郵件是不是真的，後來我很確定，它們看起來不是假造的。我另一個俄羅斯朋友證實了，這些是實際的政府電子郵件地址，這些電子郵件也包含確認會面的邀請。**好吧**。我心裡想著。**我終於要去俄羅斯了**。

史考特說：「我也想跟你去。」畢竟他是帶來這次機會的人，所以我答應了。俄羅斯那邊同意，會為我想帶去莫斯科的同行人員支付所有費用，所以帶上他也沒什麼損失。現在已經有一小群人（史考特跟史提夫）要跟我一起去俄羅斯了，維若妮卡也要去。

事情發生幾週後，我們人就在洛杉磯國際機場的漢莎航空頭等貴賓室了。現場有個身材高大、神情相當緊繃的俄羅斯男人與我們碰面——我從頭到尾都不知道他的名字。他的髮色是我看過最黑的顏色，看起來像有染過的樣子，就像整頭頭髮浸過墨汁一樣黑。還有另一名身材同樣魁武的傢伙，他的名字是杭汀頓，是個美國人。這兩位在美國是知名的電影資助者，他們跟史提夫都有些商業往來。但我並不知道他們要跟我們同行。我注意到，那位黑髮俄羅斯人自從在貴賓室與我們碰面起就一直冒汗。他汗如雨下，上唇有成串的汗珠，他過去半小時都一直坐著，所以我覺得很怪。通常，如果即將進行重要會面時，有同行人士這樣毫無來由地汗如雨下，必定引起我的警覺——就像這次，這個人即將跟我一起前往俄羅斯！另外我還我觀察到一件事，加深了不確定性。我有種感覺，自己即將會碰到不如預期的事。但我對這份直覺視而不見。

航程非常順利，我們在莫斯科落地後迅速通過海關，我們甚至幾乎沒拿出護照，就立刻來了一輛勞斯萊斯把我們接走。他們帶我們入住柏悅酒店（Ararat Park Hyatt）（但他們原先其實是說，要讓我們待在麗思卡爾頓〔Ritz-Carlton〕；我不是特別偏執的人，但這件事也格外引起我注意），接著就按行程走。當時是星期天晚上，我們被帶到某個頂層公寓優雅的俄羅斯餐廳，享用魚子醬與香檳。史提夫已與我們的當地嚮導接洽，據他所說，隔天中午我們應該就會跟普丁的新聞祕書德米特里．佩斯科夫（Dmitry Peskov）見面。接著，在週二下午三點，就會安排我們與普丁本人見面。

一切聽起來都很好。但我實在想不透，為什麼普丁會想邀請我與他見面。不過我又想，目前還沒有哪位領袖或國家元首拒絕我跟他們來一場好奇式談話。於是我說服自己，可能他聽說過我與世界領導人的這些對話，而他也想這麼做。

我們享用了魚子醬跟香檳，不過這些魚子醬的量比我預期稍少了些。（我也不知道為什麼這件事會令我訝異，可能只是注意到了所有微小的矛盾感；當初承諾的內容跟現實的細微差異——我們的口譯講得好像，那裡會有堆積如山的魚子醬。但到了現場卻並非如此。）就算他們想用魚子醬引誘我也很怪，畢竟我人都已經到了這裡；但我說服自己把這件事拋諸腦後。我們已經抵達莫斯科，這場重要的會面也近在咫尺。

星期一早上起床後，另一群俄羅斯人來旅館跟我們打招呼。其中一位非常強壯健美，從頭到腳一身黑；他身穿皮褲、皮夾克，腳上踩著機車靴。他看起來有點像尚・雷諾（Jean Reno）在《終極追殺令》（*Léon: The Professional*）裡的扮相，一臉陰沉又緊繃。

「這位是謝爾蓋（Sergey）。布萊恩，打個招呼吧。」

於是，我跟對方打了招呼，但對方什麼話也沒說，只是從頭到腳仔細打量了我一遍，然後跟我握了手。接著轉頭離去。

我問了史考特的父親：「那是誰？」

「那是普丁的好朋友。」

「他的『好朋友』？」

「他負責教普丁武術，他只是得先看看你。」

恩，這不太正常。我心裡想著。我的確做了一系列全球知名的電視影集《謊言終結者》（*Lie to Me*），戲裡的人相學家研究人的表情，藉以判定對方是否說謊。但我能這樣判斷對方的企圖嗎？況且像普丁這樣的人，會希望他信任的人先來看看我是什麼模樣，這點再合理不過。

我們接著去克里姆林宮見佩斯科夫，那裡離旅館非常遙遠。抵達後，有人來告知我們，只有其中幾人可以參加會面。當天早上出現的其他俄羅斯人此時就離開了。這個要求很合理，這裡的確不是誰都可以進來的地方，而且我根本也不知道那些傢伙是誰。史考特、史考特的父親，在洛杉國際機場見到的那兩位——杭汀頓以及一直流汗的俄羅斯人——還有我，允許跟佩斯科夫見面。

如果用緊張來描述克里姆林宮的氣氛，其實太過輕描淡寫（畢竟克里姆林（kremlin）這個字的字源就是「堡壘」的意思。）如果你造訪過白宮，就會知道那裡的氣氛很正式，會讓你聯想到某些高級餐廳——但整體氛圍並不緊張；總之不像克里姆林宮給人的感覺。在克里姆林宮的感覺彷彿置身七〇年代的諜報電影，讓人聯想到《禿鷹七十二小時》（*Three Days of the Condor*）這類的電影。

有人帶領我們走過長長的走道，迎面而來的都是生冷的面孔。一位嚴肅的助理及另一位表情生硬的人士帶領我們走進一間較小且空蕩蕩的接待室。房間角落有張小桌子，而且椅子數量不夠，我們或坐或站地等待著。佩斯科夫遲到了，這讓我們更加坐立難安。一行人沒人說話，我們只能緊張地面面相覷，假裝這一切都很正常。整個房間寂靜無聲，我甚至覺得自己聽得到手錶在走的聲音。在等待的這段時間，杭汀頓與那位俄羅斯人顯得格外緊張。整整十分鐘後，我們又被帶到佩斯科夫的辦公室。那位助理以手勢叫我們在會議桌四周坐下，將首位留給他老闆坐。

我試著綜觀全局。我的一個朋友曾經見過佩斯科夫，他用來形容佩斯科夫的字眼，似乎不像現在的局面這麼令人擔心。我朋友這麼說過：「我很喜歡他。他人很好。」我邊坐著，邊用意志力說服自己，相信普丁的新聞祕書至少可能不是完全無法親近的人。最後他終於來了。他看起來……不像是歡迎我們的到來。

「佩斯科夫先生。」我說道，我用平常與人見面時一樣的方式，試著接近對方，創造比較放鬆、舒服的氣氛。「我的好朋友，」我提起了我朋友的名字，然後繼續說：「他要我跟你問個好。」

佩斯科夫面無表情地看著我，然後點點頭。一點也看不出他的情緒。他雙手緊握，交疊在身前。他和我預期中，佛拉迪米爾・普丁的左右手會有的形象如出一轍：不耐、冰冷。最後，他終於切入正題。

「你到底想來做什麼？」他嚴峻的聲調像刀一樣，劃開房間裡緊繃的空氣。

「我完全沒有『想做什麼』，我以為這次是你們安排的會面。」我回答。

接著，我就沒有繼續往下說了；我讓房間裡的其他人，也就是實際上協助促成這次會面的人負責發言。或許他們能解釋為何我們會在這裡，而且為什麼出乎我們意料之外地，佩斯科夫似乎根本不曉得我們為什麼會來訪。

「因為布萊恩熱愛我們的國家。」那位身材高大、上唇冒汗、髮色漆黑、滿身是汗的俄羅斯人回答道。「他想做一部關於我們總統的電影。他製作過《美麗境界》這部電影，內容是在頌揚數學家約翰．納許的成就，而他也想為我們的國家付出同樣的努力。他覺得近二十年來，西方世界的人似乎都誤解了在俄羅斯發生的事，而他熱愛這裡，也覺得美國政府是個魁儡政權。」

我盯著他。他說的話沒一個字是真的（除了關於《美麗境界》的部分，剩下的言論都是徹底的謊言）。不僅這些言論完全與事實不符，事實上，我打從一開始就對參與這趟旅程的所有人明確表達過我的目的。

房內其他人好像都不知道到底發生了什麼事。我看向我的旅伴，但他們似乎願意從善如流，當作這就是我到來的原因。我轉向佩斯科夫，決心告訴他實情。

我用緊繃的語調說：「我很抱歉。」我伸出手，抓住那位滿身大汗的俄羅斯人手腕，但我的眼神持續聚焦在佩斯科夫的雙眼。「但這一切全不是真的。我並不打算做任何關於普丁總統或俄羅斯的電影。首先，我不做關於當代政治的電影，再來，我根本不認識這個剛剛在說話的傢伙！」

佩斯科夫回看我的眼神讓我明白，他終於發現這名俄羅斯人正試著矇騙他，而我才是說實話的人。現在一切都清楚了，這場會面是由一個虛假的藉口促成。

我又開口說：「我很抱歉，但我來這裡只是想跟總統見面，跟他來一場沒有任何草稿的談話，就像我跟巴拉克．歐巴馬、羅納德．雷根、斐代爾．卡斯楚以及瑪格麗特．柴契爾進行過的談話那樣。」

他搖搖他的頭。這絕不可能發生，絕不。

我繼續說道：「我想，一切就在這裡結束或許是最好的結果，我也認為與普丁總統見面並不合理。」

「沒錯，一點也沒錯。」他說。

就在我們終於讓事情告一段落的同時，令我吃驚的是（真的，我真的目瞪口呆了）房間裡的其他人表現得好像他們剛剛人在另一個時空，而在那個時空裡，整場會面空前成功。「這次見面真是太棒了！」他們如此相互說道。其中一人——也就是那個上唇冒汗的傢伙——還高聲說道：「布萊恩，我們來拍張你們兩位的合照吧？」

絕不。我心想，我只想快點離開這裡。我瞄了佩斯科夫一眼，他也對合照這個點子毫無興趣。

他嚴肅地說：「不准拍照。」

我們握了握手。他還提到，如果我想做電影，應該要直接找他。

這整場會面註定令人失望；我跟佩斯科夫不可能有所共識。我希望跟俄羅斯總統進行好奇式談話，而這位新聞祕書則必須做好他的工作（我想他的工作應該也包括，避免俄羅斯總統參與我提議的、這種目的不明確的會面）。**我們雙方的期待全然背道而馳，也都無法讓步；而這樣的差異就算有再多眼神接觸或說服，也無法改變。**

大部分情況下，試著與他人連結會產生正面結果。但不是每一次，都會如我們預期地成功建立連結。如果我們夠專注，就能盡早發現這些連結即將走向失敗的訊號，並藉以避免發生像我在俄羅斯遇到的這種爛攤子。事實是，在我們滿心希望某些事發生時，時常會因此合理化一切，並用各種故事來解釋所有跟我們的渴求不一致的事物。回溯每一步（我在回程的飛機上，就跟維若妮卡一起回頭細看每個枝微末節），我發現這就是我犯的錯。但我實在太想跟普丁坐下來，好好進行好奇式談話了，以至於我忽略了我的直覺所帶來的警示。

這次經驗會讓我挫敗，因此不再追求令人望而生懼，或充滿挑戰性的連結嗎？當然不會！但下一次，我再也不會在魚子醬明顯太少時忽略自己的直覺了。

第十二章

語言的限度

有一種語言無法用文字理解。
如果我學會不用文字來解讀這種語言，
就能解讀這個世界。

——保羅·科爾賀（Paulo Coelho）

多年前我曾因為工作飛到香港，當時我半夜實在睡不著；一部分是因為嚴重時差，另一部分也因為，我無法讓自己的腦袋暫時停止運轉。當時是一九八九年，我和朗正努力地將我們的想像娛樂公司公開上市。要讓公司公開上市勢必是一件令人焦慮的事，我的大腦正忙著釐清還未完成的所有待辦事項。其中一項憂慮來自於我們需要在洛杉磯找到更大的辦公空間。在這之前兩年，想像娛樂公司從十五位成員成長到人數九倍之多的規模（會計、製作行政人員、一位營運長、一位財務長、一位業務總監）。我們當時的辦公室大小已經只勉強剛好容納這些成員了，我也知道未來一定會越來越擠。

因為睡不著，我從床上爬起來，往飯店房間窗外看去。舉目所及的某處，是籠罩在濃霧中的維多利亞港。我邊看著窗外，眼前漸漸浮現一棟壯觀摩天大樓的輪廓。在那一小時以及那種天候下，大樓的底部和頂端都看不太清楚，但是大樓的中段在濃霧之間現身、閃耀著光芒。在當下，那是個讓人昏昏欲睡的壯觀景象。到了早上，在我終於入睡數小時，同時濃霧也散去後，我又看了一眼。那棟大樓就跟我想像中一樣宏偉。晨光下，我認出那是建築師貝聿銘的獨特風格。我也注意到，這棟摩天大樓完全掌控了整個天際線。

後來，我到飯店大廳向飯店經理請教關於這棟大樓的事。

「那是中銀大廈。」他告訴我。現在這種大樓的確是全球知名的建築物，但在當時它才剛落成，甚至還沒有人進駐。「香港人都很不喜歡這棟大樓。這棟大樓在附近建築物的屋主及業主之間，特別是風水專家業界引起了騷動。」

當時，「風水」一詞在美國還沒變得廣為人知，我也完全搞不清楚這位飯店經理在說什麼。

我問飯店經理：「那些人是誰？那些風水專家是什麼人？」

他向我解釋說，這些人是一群顧問，定期受企業聘僱，負責鑑定出最吉祥的建築及室內設計擺設：在哪裡裝設門、窗，在哪些位置布置家具，讓空間足夠和諧，能帶來信心並能賺錢等等。我從不覺得自己是個迷信的人，但卻對這個概念深深著迷。特別是，當時的我還滿腦子想著要找新的辦公室。

在旅程接下來幾天，我都在詢問有關風水顧問的事——誰是香港最好、最受推薦的風水顧問？當下，我急切想滿足好奇心的心情，已大過這件事跟我公司的關聯了。我迫不及待想更了解這個陌生概念。

最後，我終於找到想找的人了，他們是一對兄弟，因為風水專長而遠近馳名，很多人上門找他們諮詢。想跟他們搭上線非常困難，特別是因為我是西方人，所以中間又有種種儀式。我越來越擔心自己沒辦法跟這兩位顧問見到面，但在我旅程的最後一天，這個願望終於實現了。

這對兄弟跟我在飯店房間見面。我給了他們一個裝了一筆豐厚捐款的信封，這是香港的習俗，他們沒有打開信封看裡面有多少錢。一般在進行好奇式談話時，我會盡可能地為面談做好準備。然而，因為我不會講粵語，而且雖然這對兄弟很幸運地會講一些英文，但他們的英文不太好。我必須仰賴我的眼神來進行大部份的溝通，並得全神貫注聚焦於他們的眼神。我在跟他們說話時傾身靠近，非常仔細地觀察。同時盡我所能地詢問他們的工作內容，並請教他們如何做到。他們的能力是否不僅限於家具、門、窗的配置？他們怎麼知道該怎麼做？我到現在還記得，這對兄弟的其中一位用他充滿停頓，卻意外合理的英文告訴我，他們藉由讓自己感覺「與源頭連結」來做到這些事。

大部分的談話都在勉勉強強的狀態下進行。接著，就在會面即將結束時，他們其中一位靠近我、握住我的手腕。他端詳了我的手和手臂好一陣子，接著另一位也做了同樣的事。

先靠近我的那位詢問我：「在你的生活中，有沒有人的姓名縮寫是Q.N.？」我想了一下；這樣的縮寫並不常見，但是我的公司規模頗大，生活中也有很多人來來去去。我看著他，彷彿自己能從他雙眼的倒映中，瞧見那名特定人物的影像。

「我不太確定，但可能有。」我說。

「當心。」他說。「這個姓名縮寫是Q.N.的人，對你來說是一號危險人物。」

我馬上就採信他說的話。我可以從他的眼神裡感受到這項資訊的可信度。

我向他們道謝後便動身前往機場。在前往機場的路上，還有整趟飛行旅程中，我都在想關於Q.N.的事，還有那對兄弟眼神裡閃爍的警告意味及含意。

回到洛杉磯後，公司裡的種種難題都在等著我。我們很開心籌集到不錯的資本額，但我們的公司還是沒有找到辦公室。

當時回到公司後，我很激動，因為其中一位資深主管羅賓．芭莉絲（Robin Barris）拉我到旁邊告訴我：「我們有一些新進度。」她提到公司聘來幫忙找辦公室的一位顧問：「昆恩（Quinn），幫我們找到一個搬遷的好地點。位於貝沙灣的辦公空間，十年租約。」

「貝沙灣？」那裡似乎很偏僻，而且大部分都是住宅。洛杉磯大多數娛樂公司的辦公室，都聚集在比佛利山莊的威爾夏大道上或聖塔莫尼卡。

「他怎麼找到這裡的？」

羅賓向我解釋說，昆恩（當然，他的名字馬上就讓我有所警覺；而且他的姓氏還真的是N開頭）從他的親戚那邊聽說了這棟建築。

「妳能再了解更深入一點嗎？」我這麼要求羅賓。「我知道妳覺得那個空間很棒，十年的租約也很合理，但以租賃房屋來說，這是一大筆錢。這棟建築物的擁有者是誰？」

或許我比羅賓有先見之明。這份租約背後，我們的房租恰好直接由昆恩本人以及他一位當時正擔任房地產經紀人的大學友人收下。我們得被十年租賃付款綁住，到最後還是由**他們**持有這棟建物。我們在千鈞一髮之際，差點就簽下了這份合約。

「讓昆恩離開。」我對羅賓說：「什麼也不用解釋，直接請他走人。」她照做了。昆恩什麼也沒爭辯就離開公司，他知道，他動的手腳被揭發了。

這種故事總讓人覺得有點巧合的成分在。那對兄弟對我的警告並不是非常明確，世界上也的確有其他人的姓名縮寫是Q.N.。所以我不打算爭辯，在香港的那次會面有多少神聖或神祕力量存在。但我相信，他們已經成功地將訊息傳遞給我，我**知道**，自己有接收到他們的訊息，他們用超越語言的種種方式向我傳達意念。

這就是風水的整體概念，而且這也是我與那兩位男士對話的核心——在傳統概念上，那根本不算一場「對話」，然而這就是整件事的重點。

我們藉由語言對話，但更重要的是，我們也藉由我們的注意力、意念來與人交談。誰知道在這種層面上，我們又「說」了什麼呢？我相信，他們兩位了解我的程度，勝過那些英語毫無瑕疵且跟我有大量對話的人。

不管是因公出差或休閒娛樂，我都常常旅遊。就像那次去香港的經驗一樣，我通常不會說旅行目的地的當地語言；而且不管是口語，或非口說的其他語言形式，我都不了解。例如：我拜訪以色列的那趟旅行，注意到我們的以色列嚮導遇到朋友時，會以強壯的手勁搧他朋友的兩頰。然而，雙方會對彼此微笑，而且看起來很享受他們聲音響亮又生動的談話，他上下搖晃朋友的臉頰。我跟維若妮卡提了不只一次，如果有朋友這樣對我，我一定會覺得備受侮辱。

由於知道在不同文化框架下，使用眼神接觸及肢體語言溝通的方式不一樣，我在其他國家時，都會竭盡所能注意這些資訊，並對這些訊息保持敏銳。如果我想與在當地遇見的人建立堅固、有意義的連結就必須這麼做，而建立這樣的關係正是我旅行的一切目的。

幾年前，我和維若妮卡決定前往緬甸旅遊。我們的朋友湯姆．佛雷斯頓（Tom Freston）是MTV音樂頻道的其中一位創辦人，也是維亞康姆（Viacom）的前執行長，多年來他一直告訴我，緬甸是個非去不可的地方，但湯姆本人是個愛好冒險的旅人；他常邀請我跟他一起前往像是巴格達或喀布爾這種地方，前往這些地方旅遊雖然肯定精彩，但實在不是我會選擇的度假地點；湯姆總在造訪這些人跡罕至的偏僻地點方面快人一步。然而，緬甸這個地方也始終在我心頭縈繞不去。

當時，我正在跟米克．傑格（Mick Jagger）合作電影《激樂人心》（*Get On Up*），他也是製作人，因此我們在密西西比納奇茲的片場有許多休息時間都待在一起。有一天我問他最想去哪裡度假，米克．傑格也是個對於生活該怎麼過很有想法的人，他毫不猶豫地回答說：「緬甸的茵萊湖（Inle Lake）。」哇，現在有兩位旅遊經驗極豐富且品味超凡的人告訴我這個地方必去；我覺得自己非去不可。維若妮卡本身也是個熱愛冒險的人（她曾經一時興起就去爬吉力馬札羅山，也曾在毫無專業訓練的情況下前往菲律賓潛水），所以她很喜歡這個想法。隔天，她就訂好行程，跟當地的一位旅遊經紀人制定好所有旅遊計畫，這位旅遊經紀人對當地很熟，能帶給我們絕對真實的旅遊體驗。對我來說這就是旅遊最大的重點。

抵達仰光後，我們的嚮導前來與我們碰面，她名叫琪琪，年約五十歲左右，是位美好、有智慧的緬甸女性。緬甸最近才開放觀光，因此要造訪不太容易。這個國家的政治背景變動急遽，那段歷史充滿了可怕的人權侵害、軍事政權以及選民壓制（voter suppression）的過去。後來我們才知道，琪琪便是在這樣變動且令人恐懼的環境下長大：她爸爸曾入獄多年；然而她還是熱愛她的國家，見證了自己國家的美麗。身為一位旅遊嚮導，她希望到訪旅客也能發現她家鄉美好的一面。

我們與琪琪展開九天的旅程，以我們期待已久的目的地——茵萊湖做為旅程終點。茵萊湖是世界上最美的湖域之一，她位於兩座山脈之間的谷地。這片原始且遼闊的水域似乎就像一面鏡子，倒映出周遭的美景。生機勃勃的村莊裡，有高腳屋點綴其中，還有閃閃發亮的佛寺從水中升起，這裡的一切都如此不凡。據說，乘坐獨木舟是體驗這片湖域的最佳方式，而我們選擇乘坐當地人使用，形狀細長且帶長尾的木舟。

在湖上遊憩的三天，我們看見農人牽著水牛在稻田裡耕作，村莊裡的居民過著日常生活。當地人划著飽經風霜的舟船經過我們身邊，邊兜售手刻的佛像、觀光客喜歡的小擺飾以及附近水上農場種植的柳橙。我們有時候會停下來造訪村莊，參觀當地混雜的農夫市集，或認識當地農業。年輕的女孩和老婦在湖邊的攤子捲細雪茄，老祖母們則在賣麵條。小孩子們開心地拿著棍子嬉鬧。

一位婦人歡迎我們參觀她家的製傘工作室，她帶我們認識每個複雜又費時的手工步驟。我們認真端詳她年幼的女兒，小女孩應該不超過十歲，正以桑樹做紙漿，而她爸爸則正以腳踩車床，以為木傘柄塑形。小女孩將花瓣放在我手心，引領我的手將花瓣倒進水裡，並在溼紙漿中做出圖形設計。最後做出的傘，每個部分都是由不同的家庭成員製作而成，最後再將這些零件組裝起來，如此便完成了有多種顏色、形狀及大小的絕美雨傘。我深受感動，知道自己正親眼見證文化傳統及習俗在不同世代之間的傳承。

我們在茵萊湖的最後一晚，我和維若妮卡在日落時乘坐獨木舟，體驗這個奇妙所在的寂靜與空靈。我們仰躺著，倘佯在水面上無盡的層層紅金光芒中。我百感交集，思考著在這裡經歷的一切。我們來自好萊塢，那裡的人們很複雜，且有時還抱持令人存疑的動機，對於能在這裡與緬甸人擁有純淨、真實的互動，我很快樂。

我記得有天早上，我們在其中一個村莊停下來與一位老太太對話，她帶著友善、好奇的眼光看著我們。琪琪幫我們翻譯，再加上一些慎重、非口語的訊息，我們很快就知道，他們很少在這裡看到觀光客；這位老太太受維若妮卡一頭金髮吸引。雖然對她來說，我們是全然的陌生人，這位老太太還是邀請我們到她家共進傳統早餐緬甸湯米線（mohinga）。以魚為底的湯頭及米線（旁邊還擺了許多佐料！）組合成極致的美味，還有主人溫馨的招待，讓一切變得更美好。在緬甸，我們遇到許許多多像這樣的交流機會。在這所有與人連結的體驗裡，最特別的還是我們與琪琪建立起來的連結。

在這超過一週的時間裡，琪琪與我們一起乘船、坐飛機、搭火車、徒步，走遍整個國家。她跟我們一起在緬北拜訪佛教僧院，也前往鄉下的孤兒院，而當地的偏遠村落用水還得從井裡取水。她協助我們與當地人進行真實的互動，也與我們分享她自己的獨特觀點。

緬甸政府非常積極地關注他們國家在外人眼裡的形象，因此要成為嚮導並不容易。琪琪為了能做這份工作付出了大量努力，也通過許多困難測驗。毫不意外地，她本身對歷史的解讀也格外小心。但在跟我們分享她的家庭故事以及他們與土地的深刻連結時，琪琪整個人就會活躍起來；透過琪琪充滿情感的視角，我們就能對這個國家擁有令人難以忘懷的體驗。

旅程即將告一段落，我們也得跟我們親愛的嚮導兼新朋友道別。站在飛機跑道上，我走向前想擁抱琪琪；這完全是出於直覺的舉動，在美國人的習慣裡，這是一種情感的表現。然而令我吃驚的是，琪琪後退躲開我的擁抱。但她沒有躲開我的眼神。

出於尊重，我也退開，並對她說：「我很抱歉」，但她用敞開、理解的眼神阻止我往下說。她說：「沒關係。」她讓我知道這沒關係。**「我了解。」**她接著說。

在這一刻我了解：她不是拒絕我的情感，只是拒絕這個擁抱的動作。琪琪向我解釋說，在她的文化裡，大家不會互相擁抱；反之，在這種祝福及分離的時刻，充滿情感交流的當下，他們會看著對方的雙眼，琪琪告訴我們，因為雙眼「是靈魂之窗。」她說：「藉由凝視對方的雙眼，我們就能看見一切。在這種時候擁抱，似乎顯得不夠真誠。」

（事實上，這種概念背後有科學支持，眼神能揭露情感的深度及真實性。一位法國心理學家杜興（Guillaume Duchenne）發現，發自內心的笑容會產生魚尾紋，而產生魚尾紋的這條肌肉無法刻意控制。只有真心的笑容能在眼周產生這些紋路。）

與琪琪在飛機跑道上的交流非常深刻，不僅是因為，這為我們意義深遠的旅程劃下句點，也讓我多了解一種與他人深度互動的全新方式。我和維若妮卡上飛機後看著彼此，雙雙熱淚盈眶，我們立下誓言，一定要帶著全家再訪緬甸。

我們也的確這麼做了。就在隔年聖誕節，我們跟孩子們又回到茵萊湖。我們再次體驗了這個國家的深度和美麗，這種感受更因為透過我們孩子的雙眼看見而更顯巨大。這次道別時我們都知道，不必將離別的話語說出口，也不會互相擁抱。我們了解，應該以靈魂之窗——雙眼向當地嚮導表達感激之情來彰顯這份連結。

第十三章

生命的起點

只有在你更投入自己的夢想而非舒適圈時，

人生才會有所改變。

—— 比利・考克斯（Billy Cox）

我家裡有兩名青少年，我們發現，一起吃飯是和他們進行真正對話的少數僅有機會。為了珍惜這些時間，我們決定使用一種在用餐時與手機保持距離的方式——我們所有人都會在吃飯前，將手機丟到一個籃子裡放好。這樣做，比單純把螢幕關上更好；因為只要有手機在身邊，就會讓人分心[28]。這樣的習慣讓我們能跟孩子擁有兼具有趣與啟發性的談話，而不僅只是用一、兩個單字回答彼此！這也為我們帶來了我們家最愛的一項傳統。

為了希望能用沒那麼充滿物質的方式慶祝生日，也希望所有人都藉由其他家庭成員看見自己的價值，我們想到了一項活動。餐桌上的大家要輪流看著壽星的雙眼致詞。如果壽星坐在桌子另一端，或你坐的位置沒辦法直接面對壽星本人，你就必須起身移動，與壽星面對面。我想你一定猜得到，我們的孩子剛開始非常討厭這個活動。派翠克和湯瑪斯會整個人縮進椅子，希望下一個不要輪到他們。但隨著時間流逝，他們越來越擅長這項活動。到現在，他們還會舉手搶先致詞呢！

我們告訴孩子，最簡單的致詞或演講不是隨便瞎編，或用一大堆「好話」堆疊起來就好，而是要發自內心。我們鼓勵孩子分享關於壽星的故事，或能讓他們覺得開心的回憶。（「真的！萊利跳起來跟當地人跳舞時，我快笑死了！」或「記得我們當初去露營，莎姬卻發燒那次嗎？派翠克整晚都握著她的手！」）他們最愛看到自己的致詞讓其他家庭成員又笑又哭，還替他們歡呼。這項儀式為我們家帶來了許多最值得留念的記憶。更別提孩子們因為這個儀式變得超會公開演說！

有一年夏天，我們全家在船上度假，那時剛好遇到父親節，所以孩子們為我準備了致詞。維若妮卡喜歡為孩子想一些主題，希望孩子們聚焦在我教導他們，讓他們至今依然受用的事情上。我女兒莎姬現在三十一歲，她回憶起當初我告訴她，打破自己的舒適圈非常重要。她說這件事讓她提起勇氣，放下自己花了四年追求的攝影師職涯，轉而追尋成為心理治療師的夢想（她現在就從事心理治療）——這讓我熱淚盈眶。當我知道，我讓自己的孩子有力量踏出舒適圈時相當感動，因為我真心相信，踏出舒適圈才能為生命帶來最難忘的時刻。

多年前，我接到好友湯姆．佛雷斯頓的電話，前面我有提到，就是他推薦我們去緬甸旅行。湯姆臨時邀請我前往塞內加爾來場男子漢之旅，一行人中包括：歌手大衛．馬修（Dave Matthews）以及費西合唱團（Phish）的主唱兼吉他手特雷．安納斯塔西歐（Trey Anastasio）。這趟旅程有兩個目的：非洲／非裔古巴音樂的大師——寶巴樂團（Orchestra Baobab）的重聚演唱會，他們的音樂在一九七〇年代稱霸塞內加爾樂壇；另外則是與巴巴．馬爾（Baaba Maal）的私人演唱會，他是知名音樂人，也進行環遊全球的表演，因為他的嗓音被全球聽眾聽見，在一九八〇年代成為非洲人心目中的英雄。

這趟冒險旅程的確非常令人心動，但我還不太確定自己該不該去。如果我去了，就得在不太有準備的情況下清空整週的日程安排。我也必須花上一整天飛到世界另一頭。還有，我得全程跟一群從沒見過的人待在一起，裡面只有湯姆是本來就認識的人。一切種種充滿未知，且勢必有許多不方便的事需要考量。我有很好的理由輕易拒絕這趟旅程，但我沒那麼做，我還是答應了這次旅行。我對這個國家、當地文化以及當地人都相當好奇，也對跟我一起去的同行成員很有興趣，他們都是才華洋溢且知名度相當高的音樂家；我將踏出自己的舒適圈，但我相信一切都會值得。

在達卡（Dakar）降落之後，我們很快在飯店放下行李並前往市區。我們都對於這個陌生又迷人的地方感到焦慮又興奮。第一站是達卡最大的市場——桑達加（Sandaga）。那裡生機勃勃、喧鬧吵雜，擠滿了小攤販，叫賣著你所能想像到的一切商品，有非洲面具及雕刻品，更有當地布織品及異國水果。我們也能感受到塞內加爾的法國殖民地氣息。其中有些是十分觀光客取向的商品沒錯，但我們也很喜歡跟前來購買日用品的當地人混在一起的感覺。我們看見西裝革履的生意人在路中央跪下來禱告，也跟說服我們嘗試看看受歡迎的路邊小吃「阿克拉」（accra）的婦人說話。阿克拉是一種口感酥脆，以黑眼豆製成的炸麵團，搭配以番茄及洋蔥為基底的卡尼（kaani）辣醬，這種小吃讓我想到美國南方的油炸小玉米球。十足美味！

隔天早上我們到城外探險，前往造訪位於白沙丘及大西洋之間的瑞特巴湖（Lake Retba），那裡又名玫瑰湖（Lac Rose）。當時的景象令人既震撼又令人難忘：一抹像草莓一樣的粉紅色來自湖中的水藻。我們下了卡車後，許多村莊裡的孩子跑過來抓我們的手。他們帶我們走到湖濱，他們的父親都在那裡以鏟子和棍子採集湖中的鹽；他們的母親則在岸邊等待，負責將裝滿鹽的籃子從船上拖到陸地上。這項基礎產業能為周遭國家（如：馬利〔Mali〕、象牙海岸〔Ivory Coast〕、幾內亞〔Guinea〕）的家庭創造收入[29]。當天下午，我們又去了聯合國教科文組織的世界遺產景點格雷島（Gorée Island），當地曾是非洲海岸最大的奴隸交易中心。喬治．沃克．布希、柯林頓、歐巴馬都曾造訪此地，納爾森．曼德拉（Nelson Mandela）也曾到此遊歷。這個景點是向我們訴說當地深沉、複雜歷史的沉鬱提醒。

當天晚上，我將體會到我人生中最令人沉醉的兩次音樂體驗之一。巴巴．馬爾將為塞內加爾貴族表演，我們很幸運能成為這次表演的觀眾。我們一行人與其他約七十五名觀眾一起坐在地上，觀賞三位負責詠唱的祭司身穿布料平滑且色彩斑斕的長版塞內加爾服飾現身。起初，他們的動作相當細微、緩慢，接下來隨著表演進行越來越快，彷彿近乎要將人催眠一般。就在此時，巴巴・馬爾本人穿著華貴的紅袍華麗現身。他並未以震懾全場的步調出場，而是在細緻、靈性的段落切入，以瞬間的爆發力震撼我們。他的表演令人屏息，也將所有觀眾的情緒一次次推上狂熱的巔峰。三小時的體驗層層堆疊，直到以充滿高昂能量的終曲落幕，我整個人都沉浸在狂喜的狀態中。

這場表演在凌晨結束，我們一起向外走，準備享用新鮮屠宰的羊肉，這是他們引以為傲的文化傳統，因此也讓我們加入。在那裡，我跟巴巴見上了一面，他本人也魅力四射、生氣勃勃，與看完他表演後對他產生的印象如出一轍。同時，他也平靜、細膩地跟我們聊起自己的成長背景：他在一個坐落於河畔，名為朱姆（Djoum）的原始村落長大，以半遊牧民族富拉尼人（Fulani）的方式生活[30]。他花了一輩子走上音樂家這條路，他也告訴我們，回到家鄉但一切都不再相同的感受。他說：「你會發現你還是你自己。」但是擁有了新的連結及體驗，而這些都成為你自我的一部分。我完全能夠感同身受。

隔天晚上，我們前往參加知名的寶巴樂團重聚演唱會。這場演唱會舉辦於達卡郊區的一個當地表演場地，離我們的飯店約一小時車程。天色很暗，一路上感覺彷彿已經是夜半時分了。我們抵達以後，表演場地又熱又擠，大家都摩肩擦踵地緊緊站在彼此身邊。我辛苦穿過其他觀眾、往舞台靠近，盼能以更近的距離目睹這絕妙樂聲背後的音樂家，結合了非洲——古巴曲風的節奏以及非洲傳統音樂，且很可能跟遠景俱樂部（Buena Vista Social Club）的音樂搞混。樂團主唱、鼓、康加舞（congas）以及低音吉他的音量震耳欲聾，每個人都隨音樂搖擺。我全心全意沉醉在這一刻，除了在我身體裡拍打的音樂節奏之外，我什麼都不在乎。能置身異國，且與身邊一大群陌生人相互連結的感受令人難以置信。然而，我們都能夠了解，這種一起體會音樂魅力的共通感。

打破自己的舒適圈，能為我們的人生帶來最無法預期的美好連結。事實上，這幾年我發現，如果沒有賭上一把、創造連結，就會錯失為我帶來內心及外在收穫的無數機會。如果我未曾踏出舒適圈——並盡可能地經常踏出舒適圈——我就阻擋了自己學習、成長及以他人視角看見不同世界的契機。走出自己的舒適圈代表必須冒一些風險，不管出於什麼原因，有時候你賭上的風險並不會有所得；但從我的經驗來看，有所收穫的機率比毫無所得還來得大。我發現，願意踏出舒適圈的這一步，就是人生真正開始的起點。

第十四章

冒險涉足新世界

梵文 Namaste 的意思是，「用我內在的靈魂禮敬你的靈性。」
不論何時，你與他人第一次眼神接觸時，
對自己默念「Namaste」。這是體認對方的存在
與你的存在性靈相通的方式。

—— 迪帕克．喬布拉（Deepak Chopra）

我在舍曼・奧克斯（Sherman Oaks）（又稱為「谷地」）長大，我的世界很小，很少踏出家門、學校、雜貨店及我海倫阿姨及伯尼叔叔家之間的區域方圓三哩外。我對這世界的體驗也受閱讀障礙大大限制。其他人能透過閱讀書籍打開他們的世界、拓寬視野，但這對我來說卻無從實現。然而過了一段時間後，我發現自己能以一個簡單且做得到的方式拓展人生及世界觀——認識各種人。

我們都會被自己的思維模式、所在位置及眼中所見限制。事實上，我們大部分的人都很習慣用自己的觀點看待這個世界，我們認為，自己對這個世界的看法**就是**世界運行的方式。能夠一次次發現其他人對這世界的觀點令人耳目一新，且也是一份提醒。這也就是我持續找機會與那些人生體驗、觀點、生活方式與我大相逕庭之人連結的原因。有時候，我需要特地安排與特定人士進行好奇式談話[31]；但通常，我只要隨機與陌生人談話就好——在滑滑板的人、酒保、街頭藝術家、占星師，這些人都有某些特質引起我的注意。不管他們是誰，不管發生了什麼事，每次我認識新的人並與他們交流，就有機會透過他們的視角觀看這個世界。藉此，我的人生更豐富，變得更有同理心、同情心、也更有智慧。以下是幾個令我難忘的故事。

有一年適逢假期，我和維若妮卡決定首次造訪布宜諾斯艾利斯。旅程最後一晚，我們在朋友推薦的菲爾餐廳（Fayer）用餐，那是一家風格現代但氣氛私密的阿根廷—猶太料理餐廳。我們蠻早就抵達餐廳了，所以裡面只坐了半滿。和維若妮卡肩並肩坐在牆邊的長條軟椅上，我們一起享用葡萄酒和溫暖的扭結麵包。這時，一位很有魅力的服務生吸引了我們的注意力。若撇開他年輕的面孔，很容易就會以為他是閱歷豐富的餐廳侍者領班，他以真誠的魅力風靡餐廳裡的每桌客人。我們注意到，他對用餐的客人關懷備至，在他來為我們點餐時，我們也對他鉅細靡遺、知無不答的應答方式印象深刻。

我們對他表示欣賞，也因此開始聊天。這位服務生告訴我們，他名叫艾德華多（Eduardo），也知道了從他踏上這個陌生國家的陌生城市，並挨家挨戶找工作後至今只過了四年。當時他雖然完全沒有相關工作經驗，但這家餐廳還是決定讓他試試看。他就是從那時候起，在這裡工作到現在。

隨著我們進一步深聊，艾德華多告訴我們，他十八歲時做出了艱難的決定，離開位於委內瑞拉的家鄉。當時他的家鄉適逢經濟危機，暴力事件頻仍、食物嚴重短缺，因此艾德華多認為他得離開，為自己創造新機會[32]。我問他為什麼認為自己能在異國找到工作，況且他在這裡誰也不認識。艾德華多向我解釋說，他的英語能力讓他得於此英語系國家觀光客人數眾多的城市立足。我很好奇他學會英文的方法，他告訴我們，自己離開家鄉前，靠著玩英文的電動遊戲替自己上了速成的英語課。

隨著晚餐時間過去，我們互相分享各種奇聞軼事，每次送餐或飲料，艾德華多就會再多告訴我們一點他人生的各種細節。例如他跟我們說，自己幾乎難以忍受女朋友不在身邊，他計劃把女朋友從加拉加斯（Caracas）接過來，存夠錢了就結婚。他也給我們看了他倆的合照，嘴裡說著未來要跟女朋友結婚的事。我們都知道，眼前這個小夥子一定能達成他決定完成的所有事。我們跟艾德華多的連結，將這頓不錯的晚餐轉變成我們永遠留存心中的回憶。

一週內，我至少會有一到兩次在比佛利山莊的布雄餐廳（Bouchon）外面用餐，這家餐廳離我辦公室只有徒步幾分鐘的路程。有一天，我獨自坐著進行電話會議，邊講話邊在餐廳露台上張望，因為已經快傍晚了，露台上卻還很空。我逐桌張望，看見了坐在露台另一端的男子，我發現他也回望了我一眼。

引起我注意的，並非這名男子身上像制服一樣的黑色高領衫和長褲，而是他散發的能量。他與自己身旁的另一名男子聊天時，臉上充滿熱誠，雙眼充滿生命的火光。他身上有種氛圍會讓你不由自主地看向他，而我一開始根本沒發現自己一直盯著他。

我花了一、兩分鐘才發現，那名男子身旁有張特殊的椅子，那不全然是一般的輪椅，因為那張椅子跟我印象中的輪椅長得不太一樣；那是一張材質堅實、工藝精良的木製座椅，幾乎長得像一張王座，只是多了輪子。我也觀察到，那名男子身旁的同伴一直幫忙拿東西給他。這時我明白了，那肯定是他的助理。

我準備結束電話會議，這時那名助理站起身，將男子從原本坐著的位置**抱起來**，再將他放上那張木椅上。我突然發現：這名以氣勢震懾整個露台的男子，看起來如此活躍，但其實他脖子以下都癱瘓了。

從某種層面上來說，此刻有點棘手又有點複雜。我們都被教導，不要盯著跟你我明顯不同的人看，必須出於尊重或擔心自己會冒犯對方、或令對方不舒服而轉開眼神，不是嗎？自從我發現這名男子的身體狀況後，我的確開始這麼做。我低頭看著自己的大腿，截斷了從我們開始眼神接觸就形成的連結。但很快地，我發現自己又直盯著他了；我無法克制自己。我實在太好奇他是誰，也太想知道關於他的一切了。

我站起身來，穿過露台並朝他走去。他用溫和的神情跟我打招呼，似乎有點驚訝我會走過去，但並沒有任何不悅。

「嗨。」我對他說。「不知道你介不介意我坐下來幾分鐘？」

當然，這種狀況的確有點尷尬，但我不在意。「我叫布萊恩．葛瑟。我在講電話的時候一直看著你，因為你渾身散發出巨大的能量，但後來我才發覺，你……癱瘓了。」

謝天謝地，他似乎沒有覺得我在羞辱他。他只是看著我。

「是的。」他說道：「我癱瘓十年了。」

我又問道：「那是什麼感覺？」現在想起來，在某些情況下，這個問題聽起來既不得體又不體貼。但我們之間有種連結，也有那麼一瞬間相互肯定彼此，我也不想錯失這個更深入了解這名男子的機會。

我不是因為覺得新奇而問這個問題，而是因為擔心自己**無法**了解他的感受而問，如果真是如此，這將比把問題問出口後被嚴詞拒絕還令我扼腕。我希望盡可能了解對方。這樣很不得體嗎？如果我們願意了解他人的狀態多一點，這世界一定會變得更具有人性光輝吧？我想，他一定看見了我眼裡的誠意。

他跟我分享了一切。他的名字是史提芬，在私募股權基金工作；他之所以會癱瘓，是因為一種罕見的中風逐漸惡化，直至目前的狀態。他跟我談了自己遭遇的各種併發症，以及如何學會與疾病共處的經歷。他歷經了種種情緒變化，目前似乎坦然接受自己身體的狀態。我問他平常都在做什麼、關心哪些議題、為什麼選擇目前的職業。我坐在他身旁問他問題，而他一一回答。我繼續問，他繼續答。總之這一來一往的對答就這麼持續著。最後我站起身結束對話，但建立起一段新的友誼。我們都願意繼續保持聯絡，多年來，我們都跟彼此持續交流。

去年我人在巴黎，正在等我的Uber。這是二〇一五年十一月的恐怖攻擊發生後，我第一次回到這座城市。在一系列有組織的攻擊下，一百三十人因此喪命，其中許多人是在巴塔克蘭劇院（Bataclan）喪生，當時正逢美國搖滾樂團玩命鷹族（Eagles of Death Metal）在表演。我在新聞、報紙上都看到關於這次事件的消息，但實在難以想像身為巴黎居民的感受。

坐在後座的我，低頭看著手機，打算開始看未讀訊息。但我改變主意，決定跟司機羅倫交談。我問羅倫關於恐怖攻擊的事，問他這件事對他個人產生了哪些影響？這起事件對他的國家造成哪些衝擊？他在公園停下車，從駕駛座轉過來看著我。

接下來的四十分鐘，我和羅倫面對面交談，我們談論這起事件，以及對他來說，繼續存活在這座城市的意義。這段對話充滿情緒起伏，羅倫向我坦承他對這起攻擊事件充滿羞愧感時，我非常驚訝。我原本預期他會覺得悲傷、飽受驚嚇、憤怒——但為什麼是羞愧呢？他向我解釋說，恐怖分子讓法國人感受到一股集體的無力感。他的自我揭露讓我備受感動，加深了我對法國人的理解，也為我打開看待這起事件的另一個角度，在這之前，我並未從各個方向審視這起事件。

在我還年輕時，自己的世界就是加州的一個小角落。到了現在，我在全球各地旅行。但是我身在何處，遠遠不及我正在與誰共處來得重要。每一次我與他人產生連結，就彷彿被傳送到新的地方。最棒的是，透過這種方式我不需要機票、行李箱，更不需要全球定位系統（GPS）就能做到。我只需要提起好奇心和勇氣，跟其他人產生交流，並保持傾聽他人的意願，帶著開放的心胸學習。

第十五章

眨眼之間

是你，而非外在事件，對你的想法產生主導權。

了解這件事，你就能找到力量。

—— 馬爾庫斯．奧列里烏斯（Marcus Aurelius）

大約二十年前，我因為拍攝《街頭痞子》而飛到底特律。不可否認地，那是製作過的電影中，我最喜歡的其中一部；這部電影是關於阿姆的故事，源自於我們當初在我辦公室那次命運決定性的會面。在片場待了幾天後——那是酷寒中的冰冷城市地景——我發覺自己得離開那裡。我渴望陽光和溫暖，因此決定飛往我正在夏威夷製作的另一部電影的片場。

《碧海嬌娃夢》（*Blue Crush*）是以女性為主角的衝浪電影，拍攝地點位於歐胡島北岸。我從未造訪過夏威夷的此區，所以很開心能來這邊看看。我對此區的認知，僅限於在其他電影及電視上看到的景點：經典的破浪點，如筒狀巨浪（Banzai Pipeline）、日落海灘（Sunset Beach）以及威美亞灣（Waimea Bay）。飛機降落時，我從窗戶往下看，就看見我所能想像到最遼闊、原始的海灘以及最湛藍的海洋。如果底特律是場冰冷的噩夢，這裡簡直就像天堂。我馬上完全被這裡征服；在島上開了一、兩小時的車後，我就知道自己想住在這裡——當下我就這樣決定了。（這絕對是我人生中，在「一瞬間」做了決定的最佳事例之一！）

我找到一棟很棒的房子：空間寬敞，有潔白的印尼式風格，以及藍色瓦片鋪成的屋頂，剛好就在西半球最傳奇的破浪點筒狀巨浪附近。

在夏威夷的生活開端跟我想像中的一樣；北岸的熱帶風情深深吸引我。威美亞灣對岸的山林一片蓊鬱，也瀰漫著一股放鬆的氛圍。一如以往，我又開始覺得自己閒不下來，滿腦子裝滿了快滿出來的各種故事，且不僅僅只是我在底特律製作的另一部電影，還有其他好多事情要思考。但我覺得自己好像找到了最佳解藥，周遭看起來（至少表面上）如此完美——美麗、明亮又平靜。我覺得自己的到來受到歡迎。

我們的《碧海嬌娃夢》採用了當地劇組，只招募當地的夏威夷人，在製作夏威夷電影時，這樣的作法很少見——我會這麼做是因為，希望盡可能毫無嫌隙地融入當地社群。因此，有天我在片場注意到，有個明顯不屬於劇組的人在片場閒晃時，我很驚訝。此人身材很壯，看起來也不好惹。即便他與劇組的人看起來互動友善也彼此熟識，但在我眼裡，這個陌生人還是帶來了威脅。

我很快就知道這名男子——就叫他傑克吧——來到片場，是想「在許可及安全問題上協助我們。」他是達會（Da Hui）這個團體的成員，他們因為成員都穿黑色的衝浪短褲，又被稱為「黑短褲」（Black Shorts）。這個名為達會的組織於一九七〇年代中期成立於北岸，目的是希望保護他們的筒狀破浪點，有許多來自南非及澳洲的衝浪客侵入這些地方。對夏威夷人來說，「尊重」是非常重要的概念，特別是必須尊重關於海洋的一切；其中包括當地令人夢寐以求的自然資源及文化遺產。當外國人蜂擁而至此區、搶著衝浪，大型企業則逐漸使衝浪這項他們祖先創造的運動變得商業化。

像達會這樣的團體，決心抵抗這些外來人士，並重新奪回對海洋及這項夏威夷人不可或缺運動的主控權，這對他們的族群來說是相當重要的一件事。他們會在海上阻擋競賽進行，要求其他衝浪客讓開。他們清楚表明不擇手段保留也保護屬於他們一切的決心。現在，達會雖然開始從事一些較主流的活動，例如：社區義工、發展製造衣飾的生意及在衝浪比賽時監督水上安全。但他們保護當地夏威夷文化的決心一如既往地堅定。

因為有傑克在，達會發展出了這種額外的收費行為，而這份支出本來不在《碧海嬌娃夢》的原始預算裡；但我們的製作團隊在商議後決定，付錢了事就是最簡單的解決方式。這種強硬的手段在哪裡都會遇到。對於在當地拍攝的情況來說，發生這種事非常自然，所以我沒有太煩心。

我跟傑克相處得不錯，甚至偶爾會一起衝浪。不過傑克的外表和舉止依然讓我覺得受到威脅，且這也開始改變我對北岸的感受。或許我心目中的天堂，並不是真的這麼如詩如畫，或許這一開始根本就不是屬於我的天堂。因為對當地的美好印象開始破裂，我在此處獲得的安全感開始轉變為一種不確定感。

我在夏威夷有幸與布洛克．雷托（Brock Little）交流並成為朋友，我在前面的章節提過，是他教會我衝浪。布洛克是職業衝浪客兼特技演員，身為當地人的他，將我納入保護羽翼之下，並帶我到處認識環境。在北岸的眾多權力及派系之間，布洛克的地位有點像人類版的瑞士：他強壯但愛好和平；強大卻不偏袒任何派系，他與大家都處得很好。他跟達會之間的關係十分友好，但並不是裡頭的成員。透過布洛克，我才得以了解許多地區性文化，而他也帶我認識水上禮儀。

在這個過程中，我學到與當地人一起衝浪時（特別是那種比較強勢、老大型的男性），絕不要盯著他們的雙眼看。若你在**沒有**盯著他們雙眼看的情況下，不小心搶了某人的浪，這可以當作是意外；但如果你在這之前，已經跟對方有眼神接觸，對方就會認為這是針對他個人的行為。即便這一切都是無心之失，盯著他們的眼睛看，也會被解讀為不尊重的表現，當地人會因此給你「鄙視的眼神」（stink eye）。若你被達會或其他團體的成員以鄙視眼神看待，一小時內，所有北岸人都會知道這件事。據我所知，接下來你要面臨的，可能就是汽車車窗被打破，甚至可能還得跑醫院。這些究竟只是威脅還是真正的危險，我也不知道——但我也不想親自找出答案。

有時候，避開某人的眼神可能跟盯著對方的雙眼看一樣飽含意義。我們看著誰的雙眼，何時看著他們的雙眼，以及看的方式——這一切都依循當下的文化背景形成彼此的關係。在這世界上的某些地方，例如奈及利亞及東亞地區，過多的眼神接觸會被解讀為不尊重的表現[33]。日本學童則被教導，在與他人談話時，要看著對方的脖子，這樣才能使凝視的眼神更為柔和[34]；在伊朗，男性和女性之間的眼神接觸則被認為相當不妥[35]。

即便在離我們更近的地方，也有眼神接觸不被人接受的例子，這點令人相當意外。例如：在明尼蘇達州議會，參議院規則第三十六．八條表示：「辯論時的所有發言均須向議長發表。」參議院議長的位置在議會最前方，因此即便議員正在與他背後的其他議員辯論，也不能看著對方，而是必須面向前方的議長[36]。很顯然地，設立這條規則的目的是為了促進禮儀，減少眼神接觸以避免增加持反對意見的雙方彼此張力的可能性。

在其他情況下，看著對方的雙眼可能會將事情推向你不想要的方向。一九九六年我製作了根據約翰．葛理翰（John Grisham）的著作改編的電影《終極審判》（*The Chamber*），當時我們在密西西比州立監獄拍攝，那裡是密西西比州專門關死刑犯的監獄，以「帕奇曼農場」（Parchman Farm）之名廣為人知。典獄長告訴我們，經過牢房時絕對不要看犯人的眼睛。他知道這些犯人會**試著**跟我們進行眼神接觸。對這些犯人來說，如果能建立連結，就有機會拿到他們想要卻得不到的東西。換句話來說，眼神接觸就是操弄人的工具。

跟傑克在海上時，我很注意禮節，他也從沒給過我鄙視的眼神。但是跟他一起衝浪的體驗，讓我認識了文化的新層面，也讓我對眼神接觸產生新想法。雙眼可以為我們建立深入、互信的連結，但也會決定雙方的權力關係。跟達會成員相處，你得小心注意自己的眼神，視情況釋出恰當的敬意。

在我們拍完《碧海嬌娃夢》以後（我能很驕傲的說，這部電影帶來一股非主流的浪潮，讓衝浪文化——特別是女性衝浪文化——又向主流文化更靠近了一點點），我在島上度過很長一段時間，也盡可能找時間造訪當地，因此對那裡的周遭環境很熟。我並不是當地人，但我也不是他們口中的「胡利」（haole），這個詞代表非當地夏威夷人的外來人士。他們接受了我，至少我自己是這麼想的。直到有天晚上，我騎腳踏車前往常去的老地方：穿過日落海灘到Ｖ島（V-Land）。

Ｖ島是達會的地盤，當時我邊哼著歌邊騎著腳踏車，結果有兩名男子從樹叢中走出來擋住我的去路。

「哦，嗨，布萊恩。」其中一人走近我。他像健美先生一樣壯碩，手臂和指節上布滿刺青。「你在幹嘛？」他問我。

我認出了他，我們之前見過一兩次，他是我的衝浪夥伴傑克的「同事」，他是達會最令人畏懼，外表也最嚇人的成員之一。他又走近我了一點，而我立刻警覺到，這不是一般社交場合會出現的那種靠近方式，這些傢伙腦子裡有些盤算。

「我在騎腳踏車。」我說，並盡可能表現冷靜。這時另一名男子也走近我身旁。

「布萊恩，你沒繳該繳的稅。」

一瞬間，我腦子裡開始思考他到底在說什麼。**稅？**下一秒我就了解了，這傢伙想敲詐我一筆。傑克在《碧海嬌娃夢》的片場收我們錢是一回事，這兩個傢伙卻想直接跟我收保護費。

「哦，不不不。我已經繳過該繳的錢了。」我說。

刺青男說：「我們沒有任何紀錄證明你繳過錢。新的一年到了，所以要收新的稅。」

一般來說，我算是個很好動的傢伙：我會因為其他人以及各種社交場合的能量而感到興奮，不過在遇到肢體上的危險時——不管出於什麼原因——我就會慢下來。我曾有兩次在不同情況下命懸一線的經驗，一次是在飛機上，當時飛機失去電力，似乎即將墜機。此時此刻就有點像那種情況；我的思緒變得非常平穩。

「我們在福連超商（Foodland）看過你女朋友，你知道嗎？」刺青男這麼說。福連超商是所有衝浪客聚集的地方，也是北岸的社交據點。「她很漂亮，我希望她很安全、一切都好。我們不希望有任何壞事發生在她身上。」

他們真的有威脅她嗎？還是只是在威脅我？他們到底想幹嘛？事情很嚴重，

我得做出正確回應。我沒有回嘴，也沒打算跟他們協商，而是試著採取不同的方式回應。就像我學到，別在海上直視任何達會成員一樣，我也很早就學到另一件事，這也是我的當地朋友布洛克教我的——在陸地上跟他們打交道或協商事情時，剛好必須採取相反的作法。太感謝你了，布洛克。

我沒有別開眼神，而是採用布洛克教我的作法；我用自信但保有尊重的眼神看著刺青男，我的眼神不卑不亢，安靜迎視他的雙眼許久。

「一點問題也沒有。」我最後終於說出口了。「我已經繳過該繳的稅了，一切都沒問題。」

我坐回腳踏車上，直接騎走了。令我驚訝的是，他們並沒打算阻止我。我直接一路騎向夕陽，邊踩著腳踏車，心臟邊撲通撲通劇烈跳動。剛剛到底發生了什麼事？

現在回想起來，我才意識到自己單靠雙眼就緩和、穩定了整個情況。只需要一個眼神，就能引領複雜的權力流動。一方面，我讓我的對手知道我並不軟弱，他無法靠著威嚇讓我馬上屈服；另一方面，我認知到對方的力量，也認清長久以來，一大堆外來人士在各種層面上不尊重夏威夷人以及夏威夷文化，而我的身分被他們與當地錯綜複雜的歷史背景連結在一起。

我或許以身為製作人維生，但我其實是一個說故事的人；故事總攸關溝通我們的感受。人們總是以二元的方式看待人生——對與錯、成功與失敗，但感受其實是更細微的事。它有無限的變化，也不容他人爭辯。你不能規定別人應該有什麼感受，或他們對這世界應該有什麼感覺。個人感受就跟故事一樣主觀，而現在人們最需要的或許是，希望他們的故事能獲得認可及被他人聆聽。我們都希望如此，不是嗎？我們都渴望他人能以我們看待自己的視角看見我們。我相信，那天跟那兩個達會成員交手的經驗就是如此。我沒有試著挑戰他們背後的故事，反之，我則是看著他們，在保留自我的同時也認可他們的力量、權力，以及對這個世界的感受。

第十六章

聖地的蜜月旅行

比起有神愛你，還能有什麼更好的事？

——艾瑞莎·富蘭克林（Aretha Franklin）

我在猶太教及天主教的信仰背景下被扶養長大：我的母親家庭信仰猶太教，爸爸那邊信仰天主教。直到十歲左右，我基本上一直都過著天主教徒的生活。我在還是嬰兒時就受洗了（奇怪的是，我媽媽雖然身為猶太人卻堅持要我受洗，或許是希望尊重我爸爸的信仰吧，我在孩提時代還會每個禮拜天都去教義問答。我甚至還記得，在古巴飛彈危機時造訪過聖塔芭芭拉；當時我跑過鐵軌到附近的佈道團去禱告一切平安。）

儘管如此，天主教中奠基於恐懼的那個層面，之於我還是太過沉重，我的童年籠罩在可能成為罪人的恐懼中，也害怕死亡和下地獄。我對於自己的信仰背景中，猶太教信仰傳承下來的傳統還是覺得比較自在，感覺比較溫暖也比較活潑。我和我奶奶索妮雅每年都會去會堂好幾次，她會跟我說關於猶太信仰的故事。她讓我參加逾越節的宴會，我們也會一起慶祝猶太教的節日。

長大以後，我對神的信仰雖然沒有減少，但對於成長過程中經歷的信仰傳統，並沒有特別對其中哪一個感到特別認同。

維若妮卡與我不同，她由虔誠的菲律賓籍天主教徒母親以及美國天主教徒父親扶養長大，小時候念的是聖哥倫比亞天主教小學，後來更是從美國最古老的天主教及耶穌會大學——喬治城大學畢業。她對神的信仰相當深刻虔誠，也向我介紹了她在聖塔莫尼卡天主教教會的社群。事實上，我們就是在聖塔莫尼卡結婚。

我很常跟維若妮卡一起上教會，也因此跟我們的神父洛伊德・托格森（Lloyd Torgerson）更加親近，他思想進步、天賦異稟，而且是深受當地社群、洛杉磯城市裡的大家喜愛的精神導師。我們初次見面時，他看我的方式當下令我非常驚訝。我在人生中見過許多神父，也逐漸習慣在他們眼裡看見肯定或否定的眼神。然而，托格森神父的眼神卻截然不同，他的雙眼裡裝載的只有滿滿的愛與人性。

在我的成長過程中，天主教的精神都在強調罪惡與審判。但托格森神父宣揚的天主教教義卻完全不同。托格森神父的演說充滿魅力又才華洋溢，每個禮拜的佈道更總是強而有力。不管佈道的主題是什麼，他傳達的訊息總是充滿希望、意義深遠且以愛扎根。這些話語會在聽眾心裡留下痕跡，而不僅僅停留在腦海裡資訊的層面。托格森神父更有一種特別的天賦，他能用故事，甚至是自己過去曾抱持的錯誤見解以及相關的內心掙扎來協助我們理出人生的頭緒。藉由將故事與發人深省的回顧連結，他幫助我重新尋回人生各種事物的優先順序。我總是能從這些故事帶走一些有意義的訊息來幫助自己反思，讓我能更宏觀地思考自己為何生而在世，並了解人生真正重要的事物。我和托格森神父從此成為好友，他對於我的心靈旅程影響相當深遠。

有天維若妮卡告訴我，我們教會有一群人要組團去以色列旅行，我很有興趣，但同時也有點擔心。首先，我從來沒跟團旅行過，而且即便現在我對天主教的教義感覺比以前自在，但對於第一次造訪以色列就跟教會的旅行團一起去，也很難宣稱自己真的感到百分之百自在。話雖如此，我對以色列的確很好奇，也知道這趟旅程對維若妮卡來說意義重大。所以我答應跟維若妮卡一起完成這趟旅程，也因此，我們的蜜月旅行計畫就這麼成形了。

我們從洛杉磯直飛特拉維夫，然後在特拉維夫待一晚後重新成團，加入來自聖塔莫尼卡的團體。之後我們終於抵達加利利海邊的塔布加（Tabgha），我們會在那裡造訪五餅二魚教堂（Church of the Multiplication）。

五餅二魚教堂是聖地中的聖地，主耶穌在那裡實現了五餅二魚的神蹟。我們一行人在那裡一起做彌撒；不可諱言地，我覺得自己在現場有點不合時宜。就跟過去我常常發生的狀況一樣，我發現自己想起了索妮雅奶奶。但這一次我心裡想著，她對於我跟一群天主教教友一起到訪聖地會怎麼想。我突然覺得，自己開始產生精神危機：這樣是不是背叛了索妮雅奶奶？是不是背叛了我的神？更甚者，是不是背叛了自己的信仰？而我的信仰到底又是什麼？

精神危機這個概念聽起來可能有一點嚴重，但如果是到以色列這樣的地方旅行，同時又感受到自己跟過去深愛的人（索妮雅奶奶）以及當下深愛的人（維若妮卡）之間的連結，就很難不深思這些大哉問。

在即將領聖餐禮的時候，我注意到伊萊站在後面；伊萊是我們的導遊，旅程一開始時，我跟他有稍微聊一下。我告訴他我生來就是猶太人，但同時也以疑惑的天主教徒身分長大，而我太太本身也是天主教徒。伊萊跟我分享自己身為以色列猶太人，在這塊土地上跟基督徒、穆斯林一起生活的樣貌，而且在這裡，每個族群都宣稱這片土地屬於自己的信仰。（顯然地，在耶路撒冷中心這個只有華盛頓國家廣場約兩倍大的地方，就有三個主要的聖地：穆斯林心目中，這世界上第三神聖的地方——阿克薩清真寺〔Al-Aqsa Mosque〕；猶太教徒心目中聖地的一部分——西牆〔Western Wall〕；以及基督教信仰中耶穌被釘死、埋葬並復活的地點——聖墓教堂〔Church of the Holy Sepulchre〕。）旅途中，我和伊萊的一次對話，轉變為對於我們各自信仰歷程的數小時討論。

在這特別的一天，伊萊用他溫和、好奇的眼神注視我時，我幾乎可以聽見他心裡的聲音：「**你媽媽是猶太人，爸爸是天主教徒，嗯……你現在在想什麼呢，布萊恩？**」

就在我回望伊萊的眼神時，我奶奶的形象躍然於我的眼前。就在那一刻，我發現自己其實並沒有背叛她，沒有背叛神，也沒有背叛自己。反之，我終於發現自己到底是誰，也找到了自己到底相信什麼。儘管我所在之處，有著長久且持續的宗教衝突歷史背景，但我在這裡與舉目所及的人們有種一體感。走在這座城市中，我能感受到深刻的愛。即使大家覺得這裡不安全，我還是覺得很有安全感。我會有這種感受，或許是因為這個地方對於這三種宗教來說，都有深遠的意義；也或許是因為，聖經裡的故事就發生在我所走過的每一個角落。我不太確定這種感覺是什麼，但我確實感受到了。

兩天後，我們的教會團計畫要去走維亞多勒羅沙（Via Dolorosa），又稱「苦路」（Way of Suffering）。這條位於耶路撒冷舊城的街道，據信為當初耶穌走向他被釘死十字架的道路。沿路有耶穌受難像，並以聖墓教堂為終點，維亞多勒羅沙是基督教朝聖者的重要路線。在這條曲徑上，朝聖者會邊唱誦，邊輪流肩負十字架，模仿當初耶穌身處的情景。

意料之中，維若妮卡希望能夠和我一起分享這份體驗。所以我們將鬧鐘調到清晨四點，在清晨的一片漆黑中從大衛王酒店出發，前往舊城牆內的集合點。就這樣開始了，我們一行約四十個人將輪流擔負十字架、在背後跟隨及唱頌。在十四個受難像的位置，我們都會朗誦禱詞並祈禱，接著前往下一個受難像。

神父拍拍我的肩膀，下一個輪到我了。我邊扛著勢必有十至十二英尺高的沉重木十字架，邊走在狹窄、古老的走道上，太陽漸漸升起。我們唱誦著，一路走到教堂內的各各他（Golgotha）（或稱加爾瓦略〔Calvary〕）。走進去時，我看見伊萊的眼神。這次他的眼神跟先前不一樣了。他的眼神不再是出於好奇，而是與我產生連結的眼神。我們對望彼此許久，此時，兩個人類互相分享彼此精神上的追尋。

第十七章

活著的意義

我認為，人們都在追求「活著」的體驗，
因此我們身體純粹感受到的人生經驗，
將與我們內心最深處的自我及現實產生共鳴，
我們從而能真正感受到活著帶來的狂喜。

—— 喬瑟夫．坎伯（Joseph Campbell）

多年前，我曾住在馬里布殖民地（Malibu Colony），那是位於佩柏戴恩大學（Pepperdine University）附近的住宅社區。當時因為我城裡的房子正在進行工程，所以暫住在那裡。我在馬里布的房子就位於殖民地的最尾端，我家的私人通道與向大眾開放的海灘相接。一般來說，海灘總是人很多，所以我喜歡早起，在露台上喝咖啡，那時我可以享受海灘還沒擠滿人之前的景色。這種時候，通常會有少數幾個人在海灘上散步，或是有衝浪客在那裡，但整體來說是非常平靜的時刻。有天早上我走出露台——那時大約是七點半左右——我發現自己完全是孤身一人。整個海灘看起來空蕩蕩的，從我坐的位置看過去，看不到任何人。然而，我邊啜飲咖啡邊看著海灘時，突然發現那邊有人；海灘上遠遠的那端，已經靠近大海，那裡有因潮汐而留下的水窪，而有個人正側身躺臥在那。這景象看起來實在太怪，因此我想了一下才意識到，我看到的是個人；我再想了一下才警醒過來，這個人應該遇到了什麼麻煩，因為我完全看不出來，她的身體有任何動作。

我開始跑起來，衝向海灘上那人的方向。我花了一、兩分鐘才抵達。在我跑過去時，看到兩個年輕女孩就站在那人身旁的沙灘上；她們看起來都嚇壞了。就在此時，我才發現我衝過來幫助的對象不是成人，而是個青少年。她的身體正不斷抖動，雙臂也胡亂拍打。從外觀上看來，她應該是某種癲癇發作了。

我在她身邊蹲下，浪花就拍打在她躺著的地方，她的臉浸在水裡，雙臂則在身側拍動。我將她翻過身來仰躺，並試著將她拉到沙灘上的乾燥之處。我沒有受過任何正式的醫學訓練，更不是緊急救護技術員那類的專業人員，但我記得，國中時，班上有個男生在學校的餐廳裡癲癇發作，所以我知道該清除她嘴裡的異物；我從她嘴裡挖出了一塊口香糖。

她幾乎沒有意識，身體溼冷且毫無動作。她當下原本半閉的雙眼突然睜開，眼神變得空洞且毫無生命力；那一瞬間，我以雙眼注視她的眼睛，當下我很確定，她快死了。接著，就像方才她的雙眼突然睜開一樣，她的眼睛又再次閉上。

別無他法之下，我開始掃視海灘上有沒有其他人，有沒有人可能找人來幫忙，我同時也感受到一種沉重的悲傷竄過全身。我覺得自己完全無能為力，無法與她連結。我感受到她的生命正在流逝。不管你是否曾經目睹某個人死亡，就像我過去的體驗，這種時刻有種哲學性的本質，一種難以抵擋的靈性力量。

九歲時，我曾目睹死亡。當時我住在加州北嶺（Northridge），是個送報童；有一天我在路上送報時，看到一名老年人躺在路中央，旁邊還有台翻覆的車子。那時還是一大早，這場事故很明顯才剛發生。一台露營車撞上了這名老年人的雪佛蘭轎車，造成轎車翻覆，這名老年人也因此被拋出車外。我聽見救護車的警鈴，人們也開始聚集圍觀。雖然我只是個小孩，當時卻也感受到一股無比確實的悲傷。這個老人失去了生命，他過世了。我看著他躺在那裡流下鮮血，現在看來，當下令我震驚的情緒，是所有人都擁有的人性表現。

在沙灘上的這個時刻則不一樣，因為我已經長大成人了。隨著時間推進，也離死亡更進一步，但這女孩還只是個孩子。

「喬治亞！」一名女性大喊著。

當下應該只過了幾秒；時間的流逝比實際上感覺起來還更久，但其實才只是一瞬間的事。我抬起頭來看，謝天謝地，有名女性向我們衝了過來。

「喬治亞！」

我在她靠近時，發現自己認識她：她是已故的《E.T. 外星人》（*E.T.*）編劇梅莉莎．麥瑟森（Melissa Mathison），她當時與哈里遜．福特（Harrison Ford）是一對夫妻。她正好就是這名女孩的媽媽。現在回想起來，記憶已經有點模糊了，但我想，我當時應該是對**她**大吼，快去找人幫忙，並打九一一求救。

幸好，就在殖民地大門外剛好有個消防隊，急救護理人員馬上就到了。但在他們抵達之前我就是待在原地，跪在那名女孩身旁，掃視她半清醒的臉龐。在那脆弱的時刻，我內心的感受很深沉；我知道自己無法控制接下來即將發生的事。對我來說，這種根本上的**不確定感**似乎恰恰驗證了人類經驗的困境。她會活下來嗎？誰都不知道。這份經驗對我來說，最難以忘懷的部份是我所感受到的連結，不僅僅是跟她這個人的連結，更是與她命運的連結。

後來直升機抵達，將她送到加州大學洛杉磯分校附屬醫療中心。幸好，她完全康復了。

幾年後，差不多就是那起事件五年後，我走路穿過美世旅館（Mercer Hotel）的大廳，過境紐約時我都會住在那裡。我注意到哈里遜．福特就坐在其中一張沙發上。那次意外發生時，我只認識身為演員的他。我曾嘗試製作一部電影，內容是關於一九九九年，發生在麻州伍斯特冷凍倉儲（Worcester Cold Storage）及倉庫公司（Warehouse Co.）的大火，那場大火殘酷又駭人，有六名消防員葬身火窟，哈里遜同意演出這部電影，但這部電影後來沒拍成。哈里遜非常強壯，個性有點直率但很有力量，就跟你看過他演出的角色後，對他性格抱持的預期一樣。他非常正直，就在他知道那場事故的來龍去脈後，他直接打電話向我致謝。很長一段時間以來，除了家人以外，我沒跟別人講過這件事，因為這件事聽起來不太真實。

就在我穿過美世的大廳時，哈里遜叫住了我；他坐在位置上向我招手，旁邊有名年約二十出頭的年輕女性。

「來跟我們喝一杯吧。」

我加入了他們。酒吧人很多，因為當時剛好是時裝週，所以我們三個一起擠在這個擁擠的酒吧裡。

「你認得他嗎？」哈里遜說：「這是我女兒喬治亞。」

我當然認得她，而她也記得我。看到她機警又充滿活力的模樣，我鬆了一口氣。我們坐在一起喝了杯酒。感覺好像有種難以描述的連結聯繫著我們——這份連結是關於我們彼此的人性及不斷消逝的生命，這真是難以言喻的體驗。

我們都是人類；我們都有情緒；我們都有可以與他人分享的事物；各種連結造就了我們。人與人之間的連結是我們在這地球上短暫、甜蜜的時光中，成長、探索、喜悅以及意義的來源。我們只需主動開放思維及心靈，選擇面對面，然後實際**看見**身邊的人。不管這些連結只會持續一瞬間，或維持一輩子；不管它是易如反掌還是難如登天，我們總會因此而變得更好。

謝辭

莎姬、萊利、派翠克、湯瑪斯：希望你們汲取我人生中的這些故事及教訓，同時發展出你們自己創造有意義連結的方式，並向內從自己的心、向外從這個世界找到完滿。願我們的生日致詞長存。

這本書能夠完成，必須感謝來自朋友、同事的智慧及創意；感謝麥爾坎・葛拉威（Malcolm Gladwell）、布萊恩・路爾德（Bryan Lourd）、亞當・格蘭特（Adam Grant）、麥可・羅森堡（Michael Rosenberg）、瑞莎・葛特納（Risa Gertner）、茱莉・歐（Julie Oh）、塔拉・波拉斯克（Tara Polacek）、賽門・西奈克（Simon Sinek）、威爾・羅森菲爾德（Will Rosenfeld）、史提芬妮・費莉琪（Stephanie Frerich），以及一路引領我前進的大家。我想特別感謝我們的好友珍娜・阿布杜

（Jenna Abdou）及莎曼沙．維諾貴（Samantha Vinograd），一路以來為我們付出的真誠努力，特別是最後書稿快交出時，多虧有你們在。你們能理解我的願景，並使這份願景更完美。感謝珍．哈蘭（Jenn Hallam）：你就跟賽門在托斯卡納（Toscana）描述的一樣，是個超級巨星！

我幾乎每個週末都會找一位好友見面，跟對方面對面喝咖啡。感謝你，包柏．艾格（Bob Iger），感謝你我之間無可比擬的友誼。

感謝西蒙與舒斯特（Simon and Schuster）的董事長兼出版商瓊．卡爾普（Jon Karp），從一開始就愛上眼神接觸及人際連結這個點子。謝謝你的耐心及鼓勵。

我真心感謝我的好朋友，知名藝術家馬克．布拉德福德（Mark Bradford），我總是被他的故事深深打動，他過去在他母親位於克倫肖（Crenshaw）的美容院工作維生，四十歲以前，他都沒有足夠的金錢及機會成為藝術家。在這個年紀起步，還能達到現在的成就，不僅困難，也十分罕有。從今而後，他必定一直都會是屬於這個世界的原創者。

感謝小說家兼編劇馬修・斯佩克特（Matthew Specktor），在這本書還是耳語相傳的概念時，就開始協助我完成這本書。我們數次在後陽台上共進墨西哥煎蛋早餐，我還一邊跟他分享我的故事。

身為電影及電視節目製作人，我每天都得做許多質性的決定，每次我做出這些決定，並告訴自己這些決定已經「夠好」的時候，代表的意思其實是，這些決定都是爛決定。在寫作本書的過程中，到了某個階段，我交出了草稿，書訊也已在亞馬遜網路書店上刊出，我心想，應該差不多了。在交稿日當天，我那直言不諱的太太——維若妮卡，把我拉到一邊，告訴我這本書現在還只是「夠好」而已。我當下馬上就懂了。她就是我的催化劑——也是我思想上的好伴侶——她敦促我再重新投入，花更多時間來讓這本書至臻圓滿。她總是努力不懈地推動我前進，為此，我永遠感謝她。

日復一日，維若妮卡教導我和我們的孩子，什麼是真誠的人際連結，她的教導不依賴言詞，而是以身教讓我們看到她花時間與他人見面，傾聽對方想說的話，同時讓對方感受到自己很重要。她是上天賜給我的祝福，也是真正和我一起完成這本書，也完成我們人生的共同作者，感謝上天有妳在。

參考資料

1 "Can Relationships Boost Longevity and Well-Being?" Harvard Health Publishing, Harvard Medical School, June 2017, https://www .health.harvard.edu /mental-health /can-relationships-boost-longevity-and-well-being/.

2 An Epidemic of Loneliness," The Week, January 6, 2019, https://theweek .com /articles /815518 /epidemic-loneliness/.

3 Ceylan Yeginsu, "U.K. Appoints a Minister for Loneliness," New York Times, January 17, 2018, https:// www .nytimes .com /2018 /01 /17 /world /europe /uk-britain-loneliness .html.

4 Maria Russo, "The Eyes Have It," New York Times, March 25, 2015, https://www .nytimes .com / interactive /2015 /03 /25 /books /review/25childrens.html.

5 Flora Carr, "Rapping for Freedom," Time, May 17, 2018, https:// time .com/collection-post/5277970 / sonita-alizadeh-next-generation-leaders

6 Steven Kotler, "Social Flow: 9 Social Triggers for Entering Flow," Medium, Feb 21, 2014, https://medium .com/@kotlersteven /social-flow-b04436fac167.

7 "Steven Kotler on Lyme Disease and the Flow State," Joe Rogan Experience Podcast #873, YouTube, November 21, 2016, https://www .youtube .com /watch ?v= X yq-4remO0.

8 Jill Suttie, "Why Curious People Have Better Relationships," Greater Good, May 31, 2017, https:// greatergood.berkeley.edu /article /item /why curious people have better relationships/.

9 "Winfrey's Commencement Address," The Harvard Gazette, May 31, 2013, https://news.harvard.edu / gazette /story /2013 /05 /winfreys-commencement-address/.

10 Sue Shellenbarger, "Just Look Me in the Eye Already," The Wall Street Journal, May 28, 2013, https://www .wsj .com /articles /SB10001424127887324809804578511290822228174/.

11 Jill O'Rourke, "For Riz Ahmed, There's a Difference Between 'Diversity' And 'Representation' In Media," A Plus, October 10, 2018, https://articles.aplus .com /film-forward /riz -ahmed -trevor -noah-diversity -representation/.

12 Simon Sinek, "How Great Leaders Inspire Action," TEDx Puget Sound, September 2009, https://www .ted .com /talks /simon sinek _how great leaders inspire action ?language= en/.

13 "The City: U.S. Jury Convicts Heroin Informant," New York Times, August 25, 1984.

14 Mark Jacobson, "The Return of Superfly," New York Magazine, August 14, 2000, http:// nymag .com / nymetro /news /people /features/3649/.

15 Ayanna Prescod, "9 Fashion Staples You Need Inspired by Cookie Lyon from 'Empire,' "Vibe, January 14, 2015, https://www .vibe .com /2015 /01 /9-fashion -staples -you -need -inspired -by-cookie -lyon -from-empire/.

16 Adam Gopnik, "Can Science Explain Why We Tell Stories?," The New Yorker, May 18, 2012, https:// www .newyorker .com /books /

17 Mike Fleming Jr, "Netflix Wins 'Tunga,' Animated Musical from Zimbabwe-Born Newcomer Godwin Jabangwe; First Deal out of Talent Hatchery Imagine Impact 1," Deadline, February 14, 2019, https:// deadline .com /2019 /02 /tunga-netflix-animated-musical-zimbabwe-newcomer-godwin-jabangwe-

imagine-impact-1-1202557570/.
18 Stephen Covey, 7 Habits of Highly Effective People (New York: Simon & Schuster, 1989), 251.
19 eleste Heiter, "Film Review: The Man Who Would Be King," ThingsAsian, September 29, 2006, http://thingsasian .com /story /film-review-man-who-would-be-king/.
20 Martin Stezano, "One Man Exposed the Secrets of the Freemasons. His Disappearance Led to Their Downfall," January 24, 2019, https://www .history .com /news /freemason-secrets-revealed/.
21 Mo Rocca, "Inside the Secret World of the Freemasons," CBS News, December 8, 2013, https://www .cbsnews .com /news /inside -the -secret -world-of-the-freemasons/.
22 Stezano, "One Man Exposed the Secrets of the Freemasons. His Disappearance Led to Their Downfall."
23 "List of Presidents of the United States Who Were Freemasons," Wikipedia, accessed April 14, 2019, https://en.wikipedia .org /wiki /List of Presidents of the United States who were Freemasons.
24 Rocca, "Inside the Secret World of the Freemasons."
25 "Freemasonry Under the Nazi Regime," Holocaust Encyclopedia, United States Holocaust Memorial Museum, accessed April 14, 2019, https://www .ushmm .org /wlc /en /article.php ?ModuleId=10007187/.
26 "Suppression of Freemasonry," Wikipedia, accessed April 14, 2019, https://en.wikipedia .org /wiki / Suppression of Freemasonry.
27 "A Standard of Masonic Conduct," Short Talk Bulletin, 7, no.12 (December 1929), http:// www .masonicworld .com /education /files /artfeb02 /standard%20of%20masonic%20conduct.htm.
28 Adrian Ward, Kristen Duke, Ayelet Gneezy, and Maarten Bos, "Brain Drain: The Mere Presence of One's Own Smartphone Reduces Available Cognitive Capacity," Journal of the Association for Consumer Research 2, no. 2 (April 2017), https://www .journals. uchicago.edu /doi /10.1086 /691462.

29 Olivia Yasukawa, "Senegal's 'Dead Sea': Salt Harvesting in the Strawberry-Pink Lake," CNN, June 27, 2014, https:// www .cnn .com /2014 /06 /27 /world /africa /senegals-dead-sea-lake-retba /index.html.

30 Kevin E. G. Perry, "Where the Magic Happens: Baaba Maal Interviewed," The Quietus, January 19, 2016, https://thequietus .com /articles /19559-baaba-maal-interview/.

31 Brian Grazer, A Curious Mind (New York: Simon & Schuster, 2015).

32 Rahima Nasa, "Timeline: How the Crisis in Venezuela Unfolded," PBS Frontline, February 22, 2019, https://www .pbs .org /wgbh / frontline /article /timeline-how-the-crisis-in-venezuela-unfolded/.

33 Geri-Ann Galanti, Caring for Patients from Different Cultures (Philadelphia: University of Pennsylvania Press, 2004), 34, https:// books.google .com /books ?id= nVgeOxUL3cYC&pg= PA34#v= onepage&q&f= false/.

34 Robert T. Moran, Philip R. Harris, Sarah V. Moran, Managing Cultural Differences: Global Leadership Strategies for the 21st Century (Butterworth-Heinemann, 2007), retrieved December 17, 2010, 64.

35 Alicia Raeburn, "10 Places Where Eye-Contact Is Not Recommended (10 Places Where the Locals Are Friendly)," The Travel, September 12, 2018, https://www .thetravel .com /10-places-where-eye-contact-is-not-recommended-10-places -where-the-locals-are-friendly/.

36 Ailsa Chang, "What Eye Contact—and Dogs—Can Teach Us About Civility in Politics," NPR, May 8, 2015, https://www .npr .org /sections /itsallpolitics /2015 /05 /08 /404991505 /what -eye -contact -and -dogs -can-teach-us-about-civility-in-politics/.

國家圖書館出版品預行編目 (CIP) 資料

眼神的觸動：善用人際連結，有效開展你的事業與人生 / 布萊恩．葛瑟 (Brian Grazer) 著；孟令函譯．-- 初版．-- 臺北市：遠流，2020.05
面；　公分
譯自：Face to face : the art of Human connection
ISBN 978-957-32-8758-2(平裝)

1. 人際關係 2. 人際傳播

177.3　　109004438

眼神的觸動

善用人際連結，有效開展你的事業與人生

作　　者——布萊恩・葛瑟（Brian Grazer）
譯　　者——孟令函
總監暨總編輯——林馨琴
責 任 編 輯——楊伊琳
特 約 編 輯——施靜沂
行 銷 企 畫——趙揚光
封 面 設 計——陳文德
內 頁 排 版——邱方鈺

發　行　人——王榮文
出 版 發 行——遠流出版事業股份有限公司
地址：台北市 10084 南昌路二段 81 號 6 樓
電話：（02）2392-6899 傳真：（02）2392-6658
郵撥：0189456-1
著作權顧問——蕭雄淋律師
2020 年 5 月 1 日　初版一刷
新台幣定價 320 元　（缺頁或破損的書，請寄回更換）

ISBN 978-957-32-8758-2

遠流博識網
http://www.ylib.com　E-mail: ylib@ylib.com